心の援助にいかす

精神分析の治療ポイント

波長合わせと共同作業、治療実践の視点から

平井孝男
Hirai Takao

創元社

まえがき

本書は治療ポイントシリーズの第七弾に当たるもので、今回は「精神分析を治療の力に」という目標のもとに、精神分析を「治療実践を目指し、治療実践から考え、治療実践で検証する」[1]という視点で再考してみました。そして、従来通り、精神分析やその治療に益する点、治療の重大点、事例などを常にわかりやすく、役に立ち、面白く読める事を基本に執筆しています。精神分析に関する書物は巷に溢れていますが、治療実践に絞って取り上げた本は私の見た限りは少ないようです。本書が一石を投じられたら幸いです。

第二には、精神分析の学会や著作では、精神分析独特の用語が、何の詳しい説明もなく使われていることで、精神分析家以外にはわかりにくくなっているように感じられます。フロイトの著作などを途中で投げ出す人も多いようです。ただ、精神分析は難しさ以外に種々の問題点もありますが、全体的には益する事大な学問です。筆者は、精神分析の治療的鍵概念として、言語化、抵抗、転移、逆転移、防衛に焦点を合わせ、読みやすく理解しやすいように役立つように、多くの事例を使いながら、精神分析から得られる「治療のエッセンス」を解説しました。読み進められた方は、精神分析治療といっても、結局、普通一般の人間のやっていることと変わらないこと、しかし、その「普通にやる」ということが如何に難しいか、しかし難しくても訓練を積めば、「普通の営みとしての治療実践力は上がる」ということがわかられると思います。だから、第二の目標は、精神分析治療を一般治療者・患者・家族、その他の方にわかりやすく伝える、いわば「精神分析を皆のものに」という平易化を目指しています。

第三は、「自分に即した精神分析感覚」をものにして欲しいということです。精神分析に問題があると言いましたが、やはり精神分析治療は、精神科治療、心理療法の原点としてモデルの一つにはなります。もちろん、フロイトの古典的精神分析をそのまま引き継ぐというのではなく、なるべく公平に治療的観点から検討しようとすることが大事です。フロイト精神分析を今の筆者の臨床にそっくり適用することは不可能であり不適切ですが、ユングやアドラーがそうであったようにフロイト精神分析から学ぶことは多いと思われます。

故辻悟先生も「フロイトは研究者で、主語を大事にし過ぎたという問題点はあるにしても、やはり自分の師匠の一人である」と言っておられます。私もフロイトを通じて獲得した智慧を大事に今の自分の治療に生かし続けて来ましたし、今後もそのような信念と、また批判も込めて文字通り、フロイトや精神分析と格闘しながら、我が治療体験や思いを記しました。読者の方も「自分なりのフロイト、精神分析理解」を目指すこと、精神分析を踏まえて乗り越え、自分なりの治療感覚を磨くことが大事でしょう。精神分析という、心理療法の原点に立ち返って、改めて心の病の治療を再検討していきましょう。

第四の狙いは、筆者の治療原則「波長合わせと共同作業」[2]という視点をわかって欲しいということです。フロイトや古典的精神分析は特にこの患者の波長に合わせるという点、常に共通理解から、という視点から必ずしも見られていないような気がします。つまり治療者が正しく、患者はまだ無理解・無意識のままである、という一方的視点です。筆者はこの一方的視点ではなく、極力患者との共通視点に立ち、共通理解を共有し、その共有から心の探究・治療という共同作業を目指しています。それ故、副題に「波長合わせと共同作業」と付けさせていただきました。

五番目に伝えたいのは、今までも心の病の要因や治療過程に関して、治療者の果たす役割の重要性を記してきましたが、今度はその点が一層強調されている点です。その結果、患者の精神病理と同時に治療者の問題点や病理に迫っていこうとしていきました。そのため、抵抗、転移（患者が治療者に抱く感情）はもちろん、逆転移（治療者が患者に抱く感情）を詳しく研究し、治療者の非健康性、治療者の精神病理といった点を詳しく追及しました。精神医学書は、患者の病理ばかり取り上げ、治療者の病理の記載は少ないです。これはあまりに一方的な態度であり、不公平です。ラカンが「本当に分析されるべきは治療者の逆転移（逆抵抗）である」と言っていましたが、この逆転移の分析を通じて、患者とどのように治療の共同作業を行うかが大事な点です。

第六は、結局、治療とは「患者・家族・治療者・環境（構造・状況等）の治療妨害要因と各々の治療促進要因との永遠の闘いであるということを強調している点です。治療者の使命は、治療妨害要因の発見と対策を立てる事、患者の治療促進要因をどう開発していくかということにかかるでしょう。

第七は、以上のことをわかりやすく実感を持って伝えられるように、事例を多く載せました。自験例の三四例にフロイト、その他の事例を合わせ、およそ四〇あまりの治療例が記載されています。これがひょっとしたら、本書の最大の特徴かもしれません。いずれにしろ、何事も事実からスタートするということです。

それで、本書の構成ですが、第1章ではフロイトの精神分析療法の原点となった二事例を要約的に提示し、検討を加えていき、フロイトの談話療法、患者の心の言語化がどういう点で治療の役に立つか、どの辺が問題かをわかりやすく解説しています。成田善弘先生にこの部分を読んでいただき「こんなにわかりやすくフロイトの治療過程を解説しているのには感心しました」という御葉書をもらいました。

フロイトの著作は、先述したように細かくてくどくてわかりにくいですが、本書では、この精神分析を、私の日頃の治療実践に照らし合わせながら吟味するという試みを行っています。精神分析というと専門用語が難解で敬遠される向きもおられるようですが、筆者はなるべくわかりやすくそれを解明したつもりです。また言語化や傾聴の大事さ、そして「傾聴オンリーでは真の傾聴はできない」ということを強調しておきました。

ただ、十分御存じの通り、治療は思い通りにすらすら進むことは滅多にありません。多くが難所にぶち当たり立ち往生することが多いものです。そこで、第2章、第3章では治療の促進要因と妨害要因について述べます。特にその中の「抵抗」と「転移」（治療者に向ける感情）、「逆抵抗」と「逆転移」（患者に向ける治療者の感情）について、実例を挙げながら述べていきます。全体を見ますとこの部分が一番本書の中核部分と言っていいのかもしれません。ここでは、抵抗や転移・逆転移の意味を一般心理や治療の点から徹底的に詳しく検討しました。この部分を読まれたあるベテランの治療者から「これぐらいわかりやすく転移を説明してくれた本は初めてだ」とお誉めの言葉をいただき、嬉しく思いました。

第4章では、その抵抗や転移・逆転移の背後にある、患者や人間の癖というか防衛機制についてそれぞれ事例を挙げながら考えていきます。治療面接の場合、相手を理解し知ることが大事ですが、この防衛はその理解の為にとても有用なことです。防衛というと病的に捉えられがちですが、防衛の良い面も記述しました。また有害な防衛から役立つ防衛へとどう変化させていくかの工夫を述べます。この部分も各防衛機制ごとに治療例をあげました。また特に投影同一視に関しては詳しく述べたつもりです。そしてこの部分を読んでいただいたある治療者の方から「各防衛機制の意味、またそれぞれの防衛機制の共通点と相違点がよく理解できた」という言葉をもらいました。

第5章では、今までの考察を総合して、治りにくい要因（陰性治療反応、人間の弱点など）とそれに対する対策、治療促進要因といったものを総合的に考えました。治りにくい要因は何も患者だけにあるのではなくて、治療者にも家族にも、状況や社会の動きにもあるように思います。前述したように患者だけでなく、治療者の病理も考えていきました。

そして終わりに「結語」として現在、精神分析に抱いている私の感想を箇条書き的に書きました。以上、患者の治療だけでなく万人が少しでも個性的で自由で面白い人生を送るにはどうしたらいいかについて記述させてもらいました。

本書の特色ですが、先述したように、精神分析には初学者の方のために、なるべく、わかりやすく、面白く、有益で、具体的に述べていこうと考えました。そういうこともあって、今回はこのわかりやすさ、読みやすさを助けるために、Aさん〔ask（問う）する人〕とBさん〔betterな（より良い）治療者〕に登場してもらいました。Aさん、Bさんも共に心理療法家で精神科医でもありますが、今述べたようにBさんの方が先輩に当たります。

本書は筆者の臨床活動（精神科医として四四年、臨床心理士として二八年）と患者の方々（少なく見積もっても一万五千人は超える）からいただいた智慧と経験が詰まっていると感じております。この点でまず患者さんに感謝を述べさせていただきます。

また故辻悟先生をはじめ、多くの指導者の先生方にも深甚の感謝を捧げさせていただくと共に、これまで一緒に語り合った仲間や同僚たちにもお礼を述べさせていただきます。また、後輩の方々からいろんな質問を受け答えている間に新しい発見をいただきました。助言するとは助言をもらうことだということを痛感させられました。後輩たちに感謝いたします。またフロイトの精神分析をはじめ、多くの心理治療面接の開拓者・後継者の書物からも学ばせていただきました。

その意味で、これは治療者になろうとしている方、あるいはなっているがまだ初心者で居られる方への教科書・テキストのつもりで書きました。目次を詳しくしたのは「心の病の治療百科事典」としても使って欲しかったからです。

また中堅・ベテランの方々には、日ごろの自分の臨床を見直してみるチャンスにしていただけたらと思います。精神分析を専門にしている治療者の方にも是非読んでいただき、忌憚のない御意見御批判をいただければ有難いです。

　また、患者、家族の方には一番お勧めします。私は、治療の基本は「波長合わせと共同作業」だと思っております。治療や治療者のより一層の内実を知ることで、皆様方の治療が進展することを願います。

　更には、面接だけでなく、人間の心理や人間そのものに興味・関心を示す方にもお勧めします。生きるとは、面接や治療と深く関係しているからです。

　なお、多くの事例を記載させていただきましたが、秘密保持を考慮し、いくつかの症例を合わせたり、治療的真実を損なわない程度に一部改変したことを断っておきます。

　また、いつも編集・出版に際してお世話いただいている紫藤崇代さんにも深甚の感謝をさせてください。そして本書を故辻悟先生に捧げさせていただきます。

二〇一八年二月一五日

失敗を　学びに変えて　癒し道

平井孝男

精神分析の治療ポイント　目次

第1章

精神分析治療（談話療法）の歴史

（フロイトのヒステリー事例を中心に）

1 談話療法の始まりとフロイトの精神分析療法

(1) 気づき・言語化における精神分析の意義——ヒポクラテスからの談話療法の歴史

A〈今回は精神分析の治療ポイントということですが、そもそも精神分析を選んだ理由は〉

B「それは心の病の治療に大きく関わるからです。心の病の治癒ポイントは患者の力の引き出し、特に自分の心に気づくこと、言葉にすることが出発点です。気づくためには心の分析・探求・解明が必要で、同時に相互検討・相互理解、統合、再構成、実践、吟味も必要です。しかし、この自覚・言語化の営みは、治療抵抗、転移・逆転移、防衛、行動化など様々な現象・ドラマを生み出します。この気づき、言語化の困難さに焦点を当て、多くの事例を使いながら探っていこうと思って精神分析を選んだのです」（以下、〈 〉がAの発言、「 」がBの発言を表す。）

〈要するに患者が話をするということが重要なんですね。でも、それって普通の営みでは〉

「そうなんです。ただ、その普通の営みが治療となるととても難しくなるんです。人間は大抵、嫌なこと・不快なことは心の奥底にしまってしまいます。ただ、その話されないことが重大である場合は、いずれ心身に影響を及ぼし病気の原因になります。それ故、そのしまわれているものを言葉にして自分の心（意識）に統合して、その病因に振り回されなくなるのが治療なのです。このような営みは実はヒポクラテスの時代からありました。ヒポクラテスはうつ病にかかっているベルガディス王が抑圧していた性愛感情に気づかせ、王の精神分析治療（夢を使った）に成功しています。

その後も、ローマの医師たち（ソラノス、アレイタイオスなど）、カトリックの神父たち（懺悔・告解も精神分析療法の一部）、ピネルやロマン派精神科医たち、催眠術師たちも談話療法を使っています。そしてフロイトより前に、ベネディクトは、一八六八年に『ヒステリー患者が病原性の秘密を告白することで急速に治癒する』ということを発表し、精神療法の重要性を説いています」

(2) フロイトによる初めての談話療法研究としてのヒステリー研究

①アンナ・O事例が談話療法・精神分析の出発点

〈それではフロイト（一八五六～一九三九）自身はどんなことをしたんですか〉

「まず挙げられるのは、初めてヒステリーにおける言語想起やその治療的重要性を本格的に研究した点です。彼はそれを『ヒステリー研究』という本にまとめました。彼はこのヒステリーの治療研究により、談話による症状の解消、真実探求の重要さを発見したと言えますので、精神分析家のみならず、あらゆる心理面接の出発点となるものだと思います」

〈つまり、フロイト以前から談話療法はあったけれども、フロイトはそれを真正面から取り上げ深く研究したということですか〉

「そう言っていいですね。談話療法の元祖というより、中興の祖ということですね」

〈それで、どのようにして語ることの重要性を発見したのですか？〉

「アンナ・Oの事例[3]と治療が、精神分析療法の始まりと言われています。彼女は多彩なヒステリー症状を示した人で、フロイトの先輩のブロイアーの患者でした。ただ、フロイトはブロイアーから患者アンナの存在を知らされており、相当興味を持ったようです」

〈どんな点に関心を抱いたんですか？〉

「アンナ・Oは、多彩な症状（食欲不振、貧血、神経性の咳、衰弱、意識障害、複視、片頭痛、麻痺、拘縮、知覚障害、自国語の健忘等）をもっていたのですが、治療者ブロイアーにいろいろと話す、それも言いたくないことを口にする、と症状が一時的に消失するという事実に興味を持ったんです。フロイトはこれに驚き、自分の例にも言語化、特に患者が隠しておきたいような内容を探ってそれを話すように誘導し、言語化治療成功例をいくつか持てたのです」

〈ということは、『①秘密になっている嫌なこと・不快なことが病気の原因である』『②それを言葉にすると病気が改善する』ということを発見したんですか〉

「非常に簡略化するとそうなりますね」

〈フロイト自身のそうした実例を挙げてくれませんか〉

②エリザベート嬢の症状と治療の開始（初めての自由連想法）

「それでは、正体不明の心因痛に悩まされたエリザベート嬢の事例を挙げてみます。エリザベート嬢は二年以上続いている両足の疼痛と歩行困難のために、一八九二年の秋（二四歳）からフロイトの治療を受けることになりました。そして、このエリザベート嬢に対しては横臥させて目をつぶらせて自由に連想させるようにしました。本格的な自由連想の始まりです。この例は長いので三期に分けています。

［治療第一期］

エリザベート嬢の回想から始まります。彼女は三人姉妹の末娘で、幼い頃ハンガリーの領地で楽しい生活を送ります。母は病気がちで父との結び付きが強かったようです。また、彼女は知的に優れ、断固とした性格で、自分の家の貴族的な家柄を誇りにしていたようです。

その後、三人の娘が年頃になったので、一家はウィーンに移り住むことになります。エリザベート嬢はそこでも幸せな生活を送っていたのですが、ここで一家の幸福を根こそぎひっくりかえすような大事件が持ち上がりました。

父が、慢性心疾患に起因する肺水腫の発作で倒れてしまったのです。それ以後、父は病床に親しむようになり、エリザベート嬢がつきっきりで看病することになったのです。

そして、看護の最中、右足に現在のような疼痛を感じたとのことですが、これは一日半で引いてしまいました。しかし、フロイトはこのことからこの看病の時期こそ、彼女の病気の発端の時に当たると考えました。父の方は、エリザベート嬢の熱心な看護にもかかわらず、一年半の病床生活の後死亡してしまいます。

その翌年、長姉が結婚します。相手の夫は有能な高い地位にある人だったのですが、利己的なところがあって、あまりエリザベート嬢一家の面倒を見なかったので彼女は反発を感じていました。

　次いで次姉が結婚します。今度の義兄は優しい人で女性の心に叶う男性だったようです。その後、次姉に子供が生まれたり、母が目を手術したりということがあり、そして、ある夏の日にアルプスの避暑地で三組の家庭が落ちあうことになったのです。

　エリザベート嬢は久しぶりにのんびりできる機会と思ったのですが、実はこの避暑地滞在の時期に彼女の疼痛と歩行困難が始まったのです。この時の状況は温浴をとった直後に猛烈な痛みが出現したらしいのですが、長い散歩による過労と『冷え』と考えられていました。いずれにせよ、今度は亡父の代わりにエリザベート嬢が一家の病人になってしまい、彼女は休養のために、ある温泉場で残りの夏を過ごすことになったのです。

　しかしこの後再び大変な不幸が襲います。それは次姉が二度目の妊娠をしてそれがもとで死亡してしまったのです。これはエリザベート嬢をひどく打ちのめし、彼女は姉の結婚を認めてしまった自分と医師を非難すると同時に、二度も続けて妊娠させ姉の健康を脅かした義兄を非難し始めたのです。その結果、義兄との間もまずくなり、彼女はその後一年半ほとんど一切の交際を断って母の看護と自分の保養に専念して暮らすようになったのです。

　このエリザベート嬢のつらい話を聞きながら、フロイトはこれだけでは何故長い（二年近くの）ヒステリーにならざるを得なかったのか解明されていないと考え、この最初の疼痛（父の看病の時の）はどのような心的印象に関連しているかを直接質問していったのです。

　しかし、エリザベート嬢は回想に抵抗するため、前のミス・ルーシーの時に使った前額法を用いました。そうすると、彼女は、長い沈黙の後で、その疼痛と関連して、その当時交際していた青年と夜会に行ったこと、しかし病気の父を一人きりにしたことで罪悪感にさいなまれたこと、結局結婚まで考えていたその青年とはそれきり別れたこと、それが残念で今なお彼女の胸を痛ませることなどを告白したのです。

それを聞いたフロイトは痛みの背後に性愛的な観念が隠されていたことがわかり、それは収穫だったが、その夜会の晩に疼痛が起きたわけではなく、避暑地での散歩の後というのがわからないということでこの探求に進みます。

［治療第二期］

その後、エリザベート嬢が疼痛は決まって右大腿部の一定の場所に生じ、そこが一番激しく痛むのだと言ってフロイトを驚かせます。そしてその大腿部とは、毎朝父の脚のひどく腫れた部分にまかれた包帯を取り換えてあげる為にその父の脚をのせた場所だったのです。

更に興味深いことに、分析の最中にこの痛みが出現してきて、そして本質的で決定的なことをまさに口に出そうとする瞬間にその痛みが頂点に達し、全部言い終わると痛みが消失するという事実でした。

これはアンナ・O事例の中で、患者自身が煙突掃除（汚いものを片付ける）と呼んだものに似ており、フロイトはこれを除反応（外傷体験に結びついた情動から解放される）と名づけました。いわゆる『話すことで嫌なものが除かれる』という反応と考えていいでしょう。

そして、フロイトはこのことから、話し終わってもまだ痛みが消えない場合にはまだ十分話し尽くしていないと考えました。続いてフロイトはこうした除反応の考えをエリザベート嬢に話し、こうした作業をしていって毎回一定量だけ疼痛の動機を取り除いていくので、全部片付けてしまったら、あなたは治りますと説明しました。

その後、フロイトの約束した通り、彼女は大抵の時に痛みを感じなくなり、たくさん歩く気にもなってきたのです。ただ、ことはそう簡単にはいきません。というのは、分析を続けている中で今度は左脚にも疼痛が出て来たんです。そして、この左脚に関する回想は死んだ次姉のことや義兄のことが主な部分でした。

その探究を続けていくと大変重大な出来事が思い出されてきたのです。それは彼女に歩くことに関して苦痛を与えたある事件でした。それは避暑地での散歩の出来事です。実はこの時皆で散歩に行く予定が、ある事情で義兄とエリザベート嬢だけが二人きりで散歩に行くことになり、その長い散歩から帰って来た後、ひどく疲れ激しい痛みを感じたというのです。

当然、フロイトはその理由の回想を迫りますが、エリザベート嬢はそれに激しく抵抗します。しかしフロイトは《隠している限り病気は治らない》という強い態度で迫ります。

その迫力に負けたのか、フロイトの熱意に信頼感を感じたのかはわかりませんが、エリザベート嬢は以下のことを回想しました。

【治療第三期】

この回想が第三期の主な仕事です。エリザベート嬢は、フロイトに対し『自分の孤独と次姉の幸福な結婚生活との対照』『女性としての弱さ』『愛への憧れ』『義兄のような夫を持ちたいという願望』『次姉の死によって義兄は自由になり、義兄の妻になれる期待が生ずる』という非常に大変で重大なことを回想したのです。

フロイトはそれに対し、単刀直入に《そうです。だから、あなたは以前から義兄に恋をしていたんです》と告げたのです。エリザベート嬢は、大きい叫び声をあげ、その瞬間に激しい痛みを訴えるのです。そして、この説明を拒否しようとして絶望的な努力を続け、フロイトに向かって『そんな悪いことは私にはできません。私がそんなことを決して自分に許すはずはありません』とフロイトに必死に主張したのです。

フロイトはそれに対し《誰も感情に対して責任を負うことはできません。それから貴女の発病そのものが貴女の道徳的性質を示すものです》と慰めたのです。フロイトのこの言葉が効果を発揮するまでは時間がかかったのかもしれませんが、フロイトは母に働きかけてエリザベート嬢と義兄の結婚の可能性を探ったりいろいろと介入したりします。

この後、エリザベート嬢は、フロイトが母に秘密を漏らしたといって怒ったりもしましたが、結局ある外国人と結婚したとなっています。多分、彼女は自分に向きあい、自分の感情と折り合いをつけ、より新しい世界観を持てたと思われます。

［解説］

①耐え難い観念（義兄への恋心など）の抑圧と、それに関する情動の痛みへの転換といったヒステリーの典型的な機制がよく現れている
②抑圧された観念は、多層性を成しており、複雑になっている
③従って抵抗も強くフロイトもかなり苦労している
④自由連想を基本にしながら、前額法を用いたり、抵抗に出会うと必死にやや権威的に説き伏せている
⑤苦労や抵抗は大きいが、回想や分析に成功すると、小説のような印象的物語になるし、治療的でもある（治療とは患者の物語の発見である）
⑥疑問が生じると徹底的に追及している
⑦症状発生の三つのメカニズム（a．新たな心的外傷により疼痛部位が追加される、b．強烈な印象を与えた事件と共にその時使われていた両脚の機能と疼痛感覚の結合が生じる、c．『一人で立っていられない』『この場から一歩も動けない』といった気持ちが失立、失歩という象徴的表現をとる）が関係している
⑧回想療法、談話療法、除反応といった治療機序がよくわかる」

(3) フロイト治療の感想（思うのは自由、自分の秘密を持つことの大事さ）

〈聞いていますと、やはりフロイトの熱意というか強引さが印象に残りますが、やはり、これはこれで治療効果を上げていっているんでしょうね〉

「そうです。それと大事なことは、回想する上での治療抵抗を邪魔者扱いするんではなくて、この抵抗こそ治療の重大な要素と考えて、抵抗の取り扱いを重視しています。また抵抗と密接に関係する防衛の分析や、感情転移（治療関係、治療者フロイトへの感情）の分析も大事にしています」

〈それと浮かんできた感情に責任を持つ必要はない、という点も大事ですね〉

「そのとおりです。誰か（両親等）と性的関係を持ちたい、憎いやつを殺したい、と思うのは自由なんですよね。実行しなければいいわけですから」

〈実行まで行かなくてもそれを話すのはどうでしょう〉

「それは治療者、または治療者のような人（患者の気持ち・発言をよく理解する、秘密は守る、打ち明けられた秘密は患者の為だけに使う、といった三条件を備えた人）には言っていいでしょう。ただ、思うのは自由なのですが、思い浮かべた観念をどう使うか、言うか言わないか、実行するかしないか等の葛藤の中で悩みながら、正しい生き方をしていくのが大事なんでしょうね」

〈それともう一つ、ここでは言語想起、回想告白がかなり重要な治療要因になっていますが、それはどうなんでしょうか〉

「言語想起や治療者への伝達は大事ですが、想起されたことをすべて治療者に言う必要はありませんよ。私の考えでは面接によって多くのことが意識化さるのはいいとしても、意識化された材料の全てを治療者に言うのではなく、ある程度は自分の秘密や自分の宝を持っていた方が自分が豊かになり、より自由と主体性を身に着けた人間になれるように思います。フロイトもそれを心得ていたように思うのですが、探求心が旺盛なフロイトは全部を明らかにせねばという気持ちが先走っているかもしれのせんね」

〈それと真実に向き合い続けるという体験も大事だったのでしょうね〉

「そう、エリザベート嬢にとっては、こうしたことは初めての体験で、彼女の人生に大きな意味を持ったのかもしれませんね。真実探求ってなかなかできることではないですから」

2　ヒステリー研究から始まったフロイトの精神分析技法

(1) ヒステリー研究に見るフロイトの技法

〈ところで、その後、フロイトの精神分析技法はどうなっていくんですか？〉

「それは大事な点なのでざっと辿っておきましょう。まずは『ヒステリー研究』[3]（一八九五）に記したことから行きます。ヒステリーの治療で強調されているのは

①談話療法、言語連想によるカタルシス（浄化、煙突掃除、すっきりする）の重視
②（言語想起に対する）治療抵抗の取り扱いが大事、患者が自己の治療抵抗に気付き理解することが重要。ただ病気への抵抗力は増した方がいい
③抵抗の背後にある、防衛・排除・抑圧といった機制をわかっておくこと（治療者の患者理解を患者と共に共有することで患者の自己理解が進むのは治療的）
④無意識の意識化が大事（気付きが多い方が自由に振る舞える）
⑤情動を伴う回想が大事（実感が伴って真の気付きとなる）
⑥病気は抑圧された観念が多層構造になっているので、その探究と治療は、考古学の発掘のように慎重に行わねばならない（慌ててやると患者の人格構造を破壊する）
⑦精神分析療法では研究と治療が同一（心の病の治療は大抵がそうなる。何故なら治療者を通じて患者の自覚・自己理解が深まることが、治療の核心であるからである。しかし、研究全てが治療の役に立つかどうかは疑問なので要注意）
⑧少しでも疑わしい点は徹底的に追及すること（名探偵シャーロック・ホームズに通じる）
⑨患者との治療関係は大事なので、当然転移感情は大事にしないといけない（抵抗、転移、防衛などは後の章で詳しく述べる）
⑩心理療法と外科手術は似るので注意（だから逆抵抗・逆転移の認識も大事）→逆抵抗や逆転移は治療者側の抵抗や感情転移のことを指すのだが、フロイトが早くもそれに気づいていたことは偉大である

といったことです」

〈もう初期から既に精神分析療法の基本が出ているようですね〉

(2) ヒステリー研究以後のフロイトの精神分析技法[4]

「たしかにそうですが、フロイトも経験を積むに従い少しずつ変わっていきます。それを追っていくと同時にこちらで精神分析という面接技法のやり方や特徴をまとめていきます。

①精神分析という名が使われたのは一八九六年のフランス語版の『神経症の遺伝と病因』が最初である。精神分析療法の適応は神経症やヒステリーである。精神分析の効果は暗示療法と違い、永続的である

②精神分析療法の目的は、治癒（症状の軽減、消失）、生活・行動能力や享楽能力の増大

③その目標は、健忘の解決、病因に関する連想、無意識の意識化といったことで達成される（要するに、知の拡大でここは仏教と似ている）

④精神分析は、真実の探究である（まさに知の到達点である）

⑤精神分析技法は、自由連想法によって行われる。自由連想では規則〔寝椅子に横臥し思い付いたことはなんでも分析家に話す、毎日一時間弱の面接、禁欲原則（治療終了までは重大な決断をしない、行動化の禁止）、秘密厳守〕、全てを隠された無意識の認識・解釈に充てること、分析家の中立性が重要。期間は半年から一年半、またはそれ以上である。精神分析の適応があるかどうか

見るために審査面接が必要
⑥精神分析や回想には抵抗がつきもの。抵抗は治療妨害要因とみられるが、うまくすると治療促進要因である。抵抗は、抑圧抵抗・疾病利得抵抗・転移抵抗・反復強迫抵抗・超自我抵抗（陰性治療反応）とリビドーの粘着性・可動性、柔軟性の無さ、死の本能などがある
⑦抵抗に対して適切な解釈を適切な時期に適切な量だけ与えるのが大事（薬投与に似る）
⑧反復強迫抵抗に対しては徹底操作が必要
⑨抵抗と共に転移（治療者に向けられた強い感情）が生ずる。転移は抵抗と共に厄介なように見えるが、分析治療では必須の現象で転移が起きて多くのことが連想されたり、重大な事実が明らかになる。転移には陽性・陰性転移、恋愛性転移などいろいろあるが、抵抗と同じく適切な対応が必要。転移だけでなく治療者側の逆転移も重大
⑩訓練が足りない未熟な治療者によって有害な精神分析が行われると、患者に多大の害を及ぼすので、精神分析療法を行うには、技法の習得が必要。中でも教育分析は必須である。分析家はずっと自己分析を続けるべきである
⑪治療としての分析は実際面からして終わりがあるが、自己分析には終わりがない
⑫夢に捉われすぎて分析治療を妨害しないことが大事
⑬精神分析は一種の再教育である
⑭象徴やコンプレックスに関する知見が重要（理論的にしっかりしていると治療者は安定し、治療空間も安定と癒しの場になる。理論はある程度治療者・患者を支える）

⑮非医師でも一定の養成教育と訓練を受けた人なら分析家になれる。精神分析教育には、文化の発生の歴史、芸術・宗教・社会秩序などの諸制度などが必須で医学の勉強は回り道になる（現在の臨床心理士の活躍はそれを証明している）

⑯精神病者との治療契約は今のところ不可能だが、精神病者への治療計画を永久に断念する訳ではない。ただわれわれが他のもっと適切な計画を見出すまでであろう（現在、少数とはいえ、精神病の治療に取り組んでいる分析治療者はいる）」

〈聞いているだけでため息が出て来ましたが、かなり精神分析は複雑なんですね〉

「今のは、ほんのちょっとしたサワリですよ。本当はもっともっと複雑だし奥深いものです。それにまだ若い学問でもあるので、これからも皆の創造（想像も）が必要なんです」

〈大変ですね〉

「重要なもの、正しいものは全てそういうことになります。ただ、今出て来た抵抗・転移・防衛・コンプレックスなどはまた後で詳しく述べていきます」

(3) フロイトと辻悟先生、ユング、アドラー等、分析と心の顕微鏡

〈フロイトの精神分析治療はさすがだと思いますが、Bさんはいつごろから精神分析に興味を持たれたんですか？〉

「それは私が辻先生から教えを受けたせいもあるんでしょうが、既に高校生の頃から精神分析に関

心を持っていたというところもあります。辻先生はある時『自分は精神分析から相当影響を受けた』と言ったり、また『自分の治療は精神分析的である』と『的』を二つ繰り返したり、また『フロイトは主語を重視し過ぎて主語の未形成状態の臨床的事態（精神病のこと）には対応できていない』とフロイトを批判したりしていますが、『自分の師匠の一人はフロイトである』と言ったりもして、フロイトと相当縁が深かったと思います。

いずれにしろ、ユング、アドラーをはじめ多くの心の病の治療者がフロイトから何らかの影響を受けているので、面接治療の元祖でもある精神分析を詳しく述べたのです。また、他の心理学もそうでしょうが、精神分析ぐらい人間を詳細に正確に見ていこうとした学問や治療法は少ないように思います。いわば心の顕微鏡を発明したようなものでしょう」

(4) 自由連想法の問題について

〈でも治療面接といいながら横臥させての治療ですから、面と面とが接していませんよね〉

「そのとおりですね。ただ患者の背面に立って面接することが一番無意識や抵抗や転移に到達しやすく、患者の益になるんだという信念がフロイトには強かったんですね」

〈でも自由連想法が絶対なんですか〉

「それは今私に答える力はありません。ただ自由連想は確かに問題になったようです。愛弟子のフェレンツィ[5]は自由連想法を批判していますし、かなりの治療者は、この自由連想法そのものに対する疑問や反発もあって、いろんなグループに分かれていったのです。しかし、自由連想法が現在でも行われているということは、時と場合や状況・人物によっては大変有効な面もあるのかもしれません。ただ、自由連想的精神分析治療が成立するには、自由連想をしようとする治療者とそれを受け入れる患者がいて初めて成立することです。これはどの治療法も同じですが、これについてはこれからも研究が必要でしょう」

3 話すことの治療的意義

(1) 談話と傾聴の意義（患者の話を聴くだけで治る理由）

[精神分析療法は治療面接（波長合わせ、共同作業と心の旅）]

〈精神分析治療はフロイトの強引さはあるにしろ患者と協力して、患者の話を聴いていく作業であることはわかりましたが、そもそも聴くことの治療的意義とはどのようなものでしょうか？〉

「それに答える前に『話を聴く』というのはいろんな要素・レベルがあって単純なものではないということをわかって欲しいのです。治療的に聴くという治療面接の場合は、一応『治療者と患者が、治癒や精神安定、問題解決などを目指して、時間・場所・料金など一定のルールを設定して患者の波長に合わせながら行う共同作業』と言えるでしょう。この意味で面接は『心の旅』『二人での心の山登り』『心の共同作品制作』と呼ばれています」

〈そうすると、治療面接での聴くというのは相当深いレベルの聴き方（聞き方）なんですね〉

「そういうことになります」

［談話、言語想起の意義（話すだけで何故治るのかという疑問）］

〈それはわかりましたが、精神分析治療面接の作業はとにかく、無意識の意識化というか、気づいていないものを言葉にしていくということに主眼を置いているようですね。ただ、そもそも気づいていることにせよ、気づいていないことにせよ、患者が話をする、治療者の助けも借りて心の内容を言語化するということで、どんな治療効果があるのか、Ｂさんの視点からもう一度まとめてくれませんか〉

「どうして、そのことをそんなに聞きたいのですか？」

〈それはですね、いつも後輩や学生に聞かれるのですが、何故話を傾聴していくだけで治るのか説明に困る時があるのでそれを少し教えてほしいんです〉

［言語表現の治療的意義（話すは離す）］

「これは自明のことであるように見えながら、つきつめて考え出すと結構複雑で難しいことになってくるかもしれませんね。フロイト自身は、これをカタルシス、浄化法（病因的情動の解放、発散）

と連想的訂正といったことで説明しています。

フロイト[6]の説明と重なるかもしれませんが、私の頭の中には次のようなことが浮かんできます。

①言語は人と人をつなぐものだから、症状の代わりに言語を回復することで人間とのつながりや連続性・交流性を回復する。病者は孤立の中にいることが多いので、それは救いになる。孤立から脱却できるわけである

②患者は、心の病をわけのわからない異常なものとしてもてあましている。しかし、その症状の起源や意味がわかってくると、異常性から脱却でき、次の対策が立つ。フロイトはそれについて『ヒステリーの惨めさを普通の不幸に変えてしまうことに成功すれば、それだけでも随分と得をしたことになる。普通の不幸に対してなら、ヒステリーよりもまだ巧みに防衛できるから』と述べています。患者は、この症状がある限り自分はだめだと考えている場合が多いから、上記のことで、その『だめ意識』からの脱却が可能になる

③言語想起は、おびえの軽減をもたらす。おびえは、その実態がわからない時、その強さを増すから、抑圧された葛藤や不安が明るみに出ることで、それが緩和される

④患者の話は、バラバラでまとまりに欠けることが多い。言語想起により一つの意味ある物語が構成されることで、患者自身の中に統合や統一が生じる。これは、ジグソー・パズルの構成に似るし、また患者の中に、一種の地図（対人的社会的状況と、心的布置等の）と歴史年表が作成されるといってもいい。心が整理されまとまりが生じる

⑤このような現在の横断面と過去からの縦断面の全貌的理解により、将来への展望が見え、未来へ

の決断につながる（逆に未来への展望が開けられず希望を持てないなら言語想起は不十分である）

⑥言語想起の作業の中で、患者の思考の訓練がなされ、自己検討の姿勢が身につく。表現とは、心の整理でもあり、自己主張の一つでもある。また言語だけでなく、箱庭や絵画も立派な表現療法である

⑦言いにくいことでも言えるという決断がつく。また恥ずかしくつらいことであってもそれを直視するという勇気を育てる（もちろんやみくもに言えばいいというものではない。言うか言わないか迷うことを体験することで主体性の醸成が可能になるのである）

⑧秘密を意識化することによって、秘密を所有できるようになる。秘密は患者を圧迫することもあるが、治療者との間で理解され共有された秘密は、本人の宝物になるように思われる。秘密の意味がわからない時は重荷であるが、十分にその内実・意味がわかると貴重なものを所有した感じになり、自分まで貴重な存在と思えてくる

⑨言語想起を通じて、治療者への信頼が育つ。治療者（他者）を信じることができれば、自分を信ずることができる。治療者や自分への信頼は、他者や世界への信頼につながる。信頼が育ってくると希望も育つ

⑩また、治療者に言うことで、重荷が軽くなり、緊張が緩和する。フロイトのいうカタルシスである。リラックスは最高の治療目標であるし、治療手段でもある

⑪患者にとって話を聴いてもらいながら真実の共同探求というのは初めての体験で、治療者の安定

性に支えられての治療空間での営みは患者に安らぎ・自信・自己肯定感情をもたらすといったことです」

〈これでよくわかりました。やはり言葉にすると意味が明確になるんですね。言語想起すなわち『話をする』ということにもいろんな意味があるんですね?〉

「実際は話すということにはもっともっと深い意味と意義があると思いますよ。いずれにしろ『話す』は『(苦しみを)離す』ということで、話すことは楽になる第一歩です」

(2)プロの治療者の傾聴、聴き方（広さ、深さ、まとまり、良き質問、意味、責任、波長合わせ等）

〈話してもらうことを傾聴するだけで治る理由はわかりましたが、ただ傾聴しているだけで自然に治るんですか。もしそうなら、患者はいないはずではないですか〉

「そうですよね。ただ話を聴くだけで治るのなら専門の治療者はいりませんからね。だから、上手な聴き方とその逆の非治療的反治療的な素人面接があるでしょうね」

〈そのプロの治療者の聴き方の特徴について少し教えてくれませんか?〉

「①広さにおいて違う。素人は狭い部分だけにかかずらわる（失恋や職場の悩みでも、その人の人生の一つとして、あるいは広い人間関係の中でじっくり考えていく）

②深さにおいて違う。素人は隠された部分をなかなか明らかにできない（プロは、表面だけでなく悩みの背後にどういう感情や葛藤等が動めいているか考えている）

③まとまりや統一性をもたらす点で違う（患者が『この先生と話していると自然と心が整理されて来る』と言うことが多い）

④話を引き出すための質問に巧みである（羽衣質問、ふわり質問、選択肢型質問など相手の心に傷を付けたり圧迫を加えないように気を付けている）。患者の波長に合わせて質問する

⑤患者の話に意味を見出そうとする。また、その意味について患者と一致するよう努力する

⑥話や秘密を聞くことに責任を持っている。患者の秘密を尊重するし、それを漏らさない。患者から聞いた秘密を患者のためにのみ有効に使おうとする

⑦患者の話を聞いていく時、患者の状態やレベルに合わせながら、聞いていく。また、話をすることや言語想起のつらさを思いやっている（波長合わせをいつも考えている）

⑧言語想起が困難になったり、想起に伴って症状が悪化しても、治療者はそれを治療的に利用しようとするし、そうした困難や悪化をあらかじめ予想している。また、悪化が患者のマイナスになりそうな時には、それに対する対策をたてられる

⑨同じことだが、治療者は患者の話に最後まで責任を持つ。素人はすぐ逃げ出してしまう（専門家というのは、最後まで責任を果たそうとする人のことを言う）

⑩治療者は見通しを持って聞くが、素人は行きあたりばったりのことが多い（治療の進展やその人のプラスになることを考えている）

⑪素人（家族、親戚、友人、上司、先生等）は、患者に対してなんらかの利害関係や主観的な感情を持っていることが多い。これに対して治療者はより客観的に見られるため、患者に話をさせせな

がら、患者を自己洞察に導きやすい
⑫また、治療者は患者の自発性を尊重し、できるだけ患者自らが気づくのを助ける。素人はすぐに表面的な断定や説得や助言をしやすい
⑬治療者は患者の自助能力を引き出そうとする（心理療法や精神医療は患者の自然治癒力の引き出しである）
⑭患者から質問されても、患者になるべく考えさせて、相手の検討・対処能力を増やそうとする
⑮更に、素人は自分の説得や助言がうまくいかない時、その原因を患者のせいにしやすいが、治療者は自分の働きかけがうまくいかない場合、それを自分の問題点としても考えようとする（もちろん過度の罪責感は持たずにできるだけ冷静な目を持とうとしている）
⑯プロの治療者は絶えずスーパーヴィジョンや事例検討会、研修・講演出席・読書などで、自己の治療力向上を目指している
⑰治療者は自分の限界を知っており、自分では無理だと思う時は他の治療者を紹介する
⑱治療者は患者に相応しい面接の仕方を採用する
といったことです」

〈Bさんの話を聞いていますと、私なぞまだまだ素人ではないかという気がしてきますけど〉

「まあ、今のは、あるべき治療者像を述べただけですから、いつもそうなれるとはかぎりませんよね。しかし、このような治療者像を常に自らに課さないと、やはり治療者失格とされるでしょうね。それに患者さんにマイナスになりますよね」

(3) 傾聴だけで治る例

〈それで申し訳ないですが傾聴だけで治った例を挙げてください〉
「そうですね。具体例を挙げるのは大変ですが、頑張ってみましょう。

【事例1（一九歳、女子大学生）】

患者は、大学一年生の終わりごろに失恋体験をして、抑うつ感・絶望感を抱くと共に眠れなくなり、ある精神科医を受診して一通りの話をしました。その精神科医は抗うつ剤と眠剤を出してくれて、少しは眠れるようになったのですが、抑うつ感は減らず、希望や気力も湧いて来ません。仕方がないので、大学の相談室でカウンセリングを受けることになりました。そのカウンセラーは、患者の苦しさ・つらさには共感してくれ、話もよく聞いてくれるんですが、『これからどうしたらいいんでしょうか』と聞いても答えてくれないし、しつこく聞くと困惑したようになります。また患者が『いつになったら気が晴れるんでしょうか？　私よくなるんでしょうか』と聞いても答えないか、せいぜい《ここでこうやって話を続けて感情を出していくと自然によくなっていくものよ》としか答えてくれません。患者は自然にカウンセリングに希望を感じられなくなり、中断してしまいました。

悶々としていた患者は、友人からの情報で筆者（治療者）の元を訪れました。治療者は今までの歴史を聞くと同時に、治療歴も聞き、やや治療者に不信感を抱いていることを理解・共有しました。同時に彼女の失恋体験なるものを詳しく聞いていきました。そうすると患者の相手はクラブの先輩のA

という男性で日頃から憧れていた存在でした。そのAと飲み会でいろいろ話すことになり、その時点から患者はAに好かれていると思い込んでしまったとのことです。ただ、Aはその後患者に声をかけてくれる訳ではありません。それどころか、ある日、Aが他の女性と楽しそうに歩いているのを見てすっかり自分は振られた、失恋したと思い込んでしまったのです。

筆者は、これで失恋と言えるかどうか、と言う点に集中して傾聴・検討した結果、Aからはっきり『君とは付き合えない。僕には決まった人がいるから』ということがない以上、完全に振られたかどうかはわからないという結論を共有しました。

そして患者の『今後どうしたらいいですか』という質問に対し、本人の望むものをそっと聞き出していくとやはりAと付き合いたいというのです。そして、その点を前進させるために近くに寄った場合相手が遠ざかるかどうか、目と目が合った場合目をそらさずにいるかどうかを確かめることがいいのではということを共有しました。

それで患者はそのことを実行したところ、近づいたら近寄ってくれるし、目が合ったら微笑みかけるということがあったのです。そうすると今度は、筆者の提案もあったのですが、芝居の券を二枚買って彼の前で『一人で行くのは苦手なので行く人探しているんですが』と聞いたら、Aはもちろん大喜びで僕でよかったら一緒に行きませんかという話になり、それで交際が始まりました。ある程度交際が深まったところで筆者との面接が終了しましたが、前に一緒に歩いていた人の話になると、大学の見学に来た従妹であったことが判明し、彼女には決まった彼がいるとのことでした。それとともに、患者もAもどちらかというと内気で自分の方から誘うということがなかなかできないタイプであったということに気付きました。もちろん患者とAの交際は続き、患者は今元気に学生生活を送っています」

［解説］

〈この事例では、まず治療者が事態を詳しく聞いて確かめるという点が大事だと思いました。つい失恋と聞くともうそれ以上は細かく聞かずに相手がつらさを吐き出してそれで治ることを期待するカウンセラーや精神科医が多いですので、この点の早飲み込みは気を付けねばならない点だと思います〉

「そうですね。臨床心理士やカウンセラーの方は、『余計なことは一切言わないように。質問には答えないように』という教えを受けた方が少なからずおられ、必要な時でも黙っていることが多いですね。それでうまくいかず立ち往生する方もおられるようです。

ただ、質問されてすぐ答えるよりじっくり考えさせる治療者もいます。それも二種類いて、どんな質問が来たとしても最善の対応を考えていく中で治療者が沈黙を保つのと、患者の質問にどうしていいのかわからないので黙っているよりしょうがない場合と両方があるでしょう。患者はもちろん前者のようなゆとりのある沈黙なら安心して自分の考えが浮かびいろいろ言えたかもしれませんね」

〈それと治療者が傾聴といっても、適度に質問を返したり、相手に提案したりしているのも良かったと思います〉

「そうですね。ある程度考える材料がないと考えられないでしょうね。だから、真の傾聴とは柔軟な傾聴で、患者の話す力・表現能力・探求能力を引き出す傾聴です。だからただ受け身的に聞いているだけの傾聴しかできない治療者は、真の傾聴ができないということになるのでしょう」

[事例2（二八歳、男性、会社員）]

〈もう一例挙げていただけませんか〉

「患者は、二八歳になる男性で入社五年目の方です。当初は持ち前のファイトで頑張っていたのですが、何とはなくらたくさん仕事を頼まれていました。患者は仕事に慣れて来たこともあって上司か空しくなってきて、またイライラするようになってきました。同時に動悸、胸苦しさ、息切れなどを感じたため、循環器内科を受診しますがどこも異常はないということです。内科で薬をもらいますが全く効きません。そこで、会社の相談室でカウンセリングを受けましたが、身体症状や仕事の量の多さの訴えを聞いてもらっただけで、状態は改善しません。そこで会社のカウンセラーは産業医と相談し筆者を紹介したのです。

早速、彼の話を聞くと、仕事面に関するストレス、とくに量が多すぎ命ぜられた業務が解決困難なものが多いということが語られました。

ただ、詳しく聞くと、量が多いと感じるのは、完璧にやろうとする結果、どうしても仕事にかける時間とエネルギーが多くなってしまうとのことでした。

その結果、何も完璧にやろうとせずに、程よい加減のところで『まあ、これぐらいでいいか』という姿勢でやればいいのではとなり、彼とその点の理解・認識が共有されました。ただ、彼は『そういう程よい路線』『まあいいか路線』は理屈ではわかるが気持ちがついていかないとのことでした。早速、何故そんなに頑張るのか、共に考えていこうとその辺りの探求へと向かいました。そうすると小さい時から家族から誉められて育って来た、学校でも評価されてきた、会社でも最初の内は評価されてきたが、今回の上司に変わってから、かなり頑張っても当たり前という感じで特に評価される訳ではない。それ故、頑張って誉めてもらおうと一生懸命になってしまうとのことでした。

そこで、筆者は《承認欲求は当然のことだ。人間はこれで生きているのかもしれない》と彼の『評価され願望』を認めたうえで、どうするのが一番いいかを話し合いました。

そうすると、『いくら努力しても評価されるとは限らない。でも自分は自分を評価しよう。他者から評価されないとつらいがそのつらさを感じながら最善の行動をしていこう』というように彼は考えるようになりました。その結果、あまり無理することなく、上司以外で評価してくれる人も出て来てうつ状態は改善していきました。彼は『評価されたい』という気持ちだけにとらわれ過ぎていたと反省し、面接は終わりました。

【解説】

①患者の忙しさは何に由来するかという原因探求的傾聴を行った
②その結果、完全癖、承認欲求が出てきたが、治療者はそれを肯定的に捉えたので、そう傷つきはしなかった
③しかし、完全癖の良い点を生かすためにも『まあ、いいか路線』を付け加えると柔軟になり長持

ちするといったことを共有

④背後にある承認欲求に対しても『いつも思い通りにいくとは限らないと覚悟する』『いくら思い通りに行かなくても適切な行動をとる』という決意を彼なりに表明する」

(4) 真の傾聴とは?(傾聴オンリーでは真の傾聴はできない)

〈傾聴といってもいろいろあるように思いました。ここで、患者の役に立つ真の傾聴について説明してくれませんか〉

「それは難し過ぎて私の力では無理ですが、次のようなことが浮かんできました。

①ゆとりを持った傾聴(一言も聞き漏らすまいと思うとガチガチになって緊張してしまい、患者も話しにくくなる)

②程々の緊張(しかしやはり患者に集中する方がよい。ただ全部聞きとれなくてもいい。耳に入ってくること、心に残ることだけ、記憶していればいいという姿勢がいい)

③患者を理解すること(患者の一番望んでいることの一つだが、完璧な理解は無理である。ただ、理解した方がいいのは、患者の問題の核心である。しかし、それの解明はゆっくり進むものである)

④患者に対して『わかる』(あなたの大変さはよくわかる等)という発言を使いすぎないこと(患者の中には、『そんなに簡単にわかるはずはない。このカウンセラーは調子がよすぎる』と思わ

れるし、わかるという発言でそれ以上言えなくなったり、そんなに簡単にわかられることで呑み込まれ不安を強くする場合がある）

⑤共感的理解・感情移入的理解は実際には難しいことが多いので、現実の傾聴場面では《あなたの言われたこの部分はこう伝わりましたがどうですか》というように伝わるという表現がいいのではと思う。患者は正確で無理のない理解を願っているのである

⑥患者を肯定すること。特に自己否定に圧倒されている人には有効（ただし何でもかんでも誉めるお世辞的な誉め方は信用を失う。ただ『あなたは何もできない、絶望とおっしゃる。ただここにきてある程度お話しできるのは評価してもいいのでは』と自分を肯定できるような評価は安全だろう）

⑦無条件の肯定的配慮を目指すのは実際には難しい。無条件というのはいろいろな条件があっても、患者にのみ集中して傾聴すること、関心を向けるということであろう

⑧患者は自分の言っていることが理解されているかどうか不安である。従って話の区切りで、《今話されたことはこういうことだと理解していいですか》と要約を返すのも良い

⑨患者は表現力に欠け、文章を言いきらないうちに次の発言に行くし、また述語優位で主語、目的語が抜けることが多い。だから、適度にそこを補うことをしてあげれば、患者も自分の言っていることが何だかわかって安心する

⑩患者の質問には原則として患者が考えられるように返す方がいいが、とても考える力がなく割と緊急性が迫っている場合、治療者から少し助け舟を出してもいい

⑪患者の発言に『死にたい』『父を殺したい』などの破壊的で危険な発言が出た場合、そういう発言をせざるを得ない本人の気持ちを思いやりながら、話し合う。危険度が強い時は、入院を考えたり、家族や警察などに連絡するのを辞さない」

〈いずれにせよ、漫然と聞いているだけでは本当の傾聴はできないんですね。やはり、安心できる、注目してもらえる、理解・共感、肯定、要約、表現力を助けてもらえる、危険防止という形での患者の尊重・援助が基本ですね〉

［間奏曲――心の病と治療について］

ここから、すぐに本書の中核である、抵抗・転移・逆転移・防衛の方に行くつもりであったが、心の病やその治療などについて、筆者の見解をわかっていただいて置く方がいいと思ったので箇条書き的に大事なポイントを記した。

①心の病という名称

心の病は、脳の病、心脳の病、心身の病、精神疾患、脳疾患、精神障害等、いろいろあるがどれを使ってもいいいし、病という名を外してもいい。大事な点はどの呼び方にするのが治療が進みやすいか考えることである。

②病気とは？　治療とは？

苦、不安、うつがそのまま病気というより、苦（悩み、憂うつ感、不安、イライラ、怒り、迷い等）を受け止められないのが病気であり、治療とは受け止められるように助けることである。

③病気か性格か

この点は決着のつく問題ではないが、この点をどう考えていくのが治療の役に立つかを患者・家族と話し合うことが重要。

④病名

心の病は身体疾患と違って、数字や図形で表しにくく、実体があるのかどうかわからないし、あっても身体的実体のように病理解剖を行ってわかるものではない。ほとんどが患者の主観的表現と治療者の主観的判断で、いわば相互主観的なものでもある。しかし、それでも治療目標や治療方針、治療困難点の予想などを理解するのに役立つし、患者が病名を治療的に利用できる場合もある。だが、一度ついた病名に固執するのは危険である。病名の治療的利用が大事である。

⑤原因

心の病の要因は多様で明確にすることが困難である。正しい原因探求は、なるべく患者と共有でき、治療的に役立つものである。また、原因は治療の進展と共に変わっていくので注意。

⑥治癒の見込み

これも多様の因子が加わるのではっきりしたことは言えないが『患者五割、家族と治療者が一割五分ずつ、環境・運・縁が二割ぐらい』という答え方が無難なようである。しかし、その前に治癒の見込みを聞きたい理由を話し合うことが大事。いつごろ治るかという問いも同じように考える。

⑦治療法

これも多種多様であるが、なるべく患者に負担がかからず、効果の上がる方法を話し合いたい。要するに患者の波長に合わせることが大事。

⑧患者の質問

（基本的五大質問に対して）患者は「私のは病気ですか性格ですか」「病気だとしたら病名は何ですか」「原因は何ですか」「治りますか」「いつ頃治りますか」といった基本的五大質問とも呼べる質問をぶつけてくる。それ以外にも「どうしたらいいですか」など多くの質問を投げかける。治療的には、これに直接答えるより（大体直接答えることのできない質問ばかりである）、まずはその質問を尊重し、共に考え、患者が治療的に有用な正しい自覚に至ることが望ましい。従って『どういう点でそれが気になるか、何か浮かんでくるか』というふわり質問で優しく考えさせること。返事は期待しない。

⑨治療者の沈黙について

フロイトの『禁欲原則』、患者中心療法の傾聴重視の影響か、この手の質問には答えない治療者が少なくない。この際、こういう質問には幾通りも対応策があり、その中でひとまず治療者は沈黙して相手の出方を見るという意味での沈黙と、どう答えていいかわからないので、とりあえず黙っておくよりしょうがない、となってしまう沈黙がある。後者の沈黙は有害な結果を招くことが多い。それは治療者が不安なままで患者の質問をなおざりにしていることになり面接空間は反治療的になってしまう。

⑩「治る」とは

患者だけでなく、治療者も含め一般の人間は、病的部分を少しはもたされている。従って、誰もが永遠の寛解状態である。それ故、治るとは、『治癒段階の上昇』、悪化とは『治癒段階の下降』ということである。

以上は、筆者の四四年間の臨床経験と事実からの、とりあえずの結論である。

第2章

治療抵抗について（治療妨害要因であり促進要因）

(1) 抵抗とは

[抵抗の不思議さ]

〈結局フロイトの精神分析は患者の気づいていない点の表現や自覚を助けるということですね〉

「そう、それが大変難しいのです。いろんな困難や治療抵抗や治療妨害要因に出会います。だから、治療とは治療妨害要因との闘いと言ってもいいぐらいです。フロイト[3]はそれを治療抵抗と呼びましたが、これはその後に続く転移・逆転移と共に大変重要なもので、この取り扱いで、治療の成否や患者の運命を左右するようです。これは精神分析治療にかかわらず、心の病の治療に関わると必ず、こういった困難や抵抗に出会わされます」

〈それではその抵抗について説明してください。抵抗は私にとっても不思議な現象です。治った方が幸せで楽になるはずなのにその『治る』ということに抵抗する訳ですから〉

「抵抗は、心の病に限らず身体病でも、古来からあったことですし、多くの人にとっては謎の現象であったかもしれません。そしてこの不思議なことを、最初に取り上げ研究したのは、フロイトであったと思われます」

[抵抗は自然な現象（症状は本人の歴史の積み重ね）]

〈抵抗って必ず起きるんですか〉

「必ずかどうかはわかりませんが、私の実際の治療やカウンセリングでは、すいすいと進むことはまずありませんでした。ほとんどの場合、抵抗、すなわち治療に対する抵抗に出会うことになります。

治癒を求めてやってきているのに、治るのに抵抗するなんて不思議だと思われる向きもあるかもしれませんが、ちょっと考えると、抵抗はあって当たり前です。例えば、患者は自分の症状の消失や問題の解消を望みますが、症状や問題は、その患者のこれまでの到達点であり、その患者の歴史の積み重ねです。だから症状に触ることはその人の歴史を触ることになり、症状の減少を試みることは、その人の歴史や生き方を変えることになります。また治療者に話す内容には恥ずかしいことや直面したくないこともいっぱいあるので、抵抗にあって当然なのです。それに治ると責任等が増えるので治癒を避けて当然です。

だから、治療者の役目の一つは、症状と『その人の姿勢や歴史のつながりに、無理のない形で気付かせること』になってきます。うまく行く場合は、気付く中で生き方を少しずつ変えられると共に、自己の歴史を見直し、症状も減っていくという形をとります。しかし、生き方をそう変化させず、症状と共に生きるという人も出てきます。生き方を変える変えないは本人の決断次第なので、我々治療者としてはその自己決定を尊重してもいいのでしょう」

[抵抗は治療要因でもあるし、反治療要因にもなり得る]

〈抵抗は治療の妨害要因なのに、治療促進要因になる場合もあるんですか〉

「そうです。治療抵抗というからには、治療の妨害要因（『広辞苑』にも『治療に対して感情的に逆らう傾向』とある）のように思われますが、とんでもない話で、抵抗ぐらい治療の役に立つものはありません。治療とは抵抗を発見し、その抵抗を育て、抵抗をどう人生の中で生かしていくかということであるといっても過言ではないのです。

抵抗という言葉に、それこそ抵抗を感じる人もいるかもしれませんが、抵抗をレジスタンスと言い換えれば、抵抗が主体性であり、基本的人権であり、『命の叫び』であることが、よくおわかりになると思います。ただ他の場合と同じく、抵抗も大事に取り扱わないと、反治療的要因になりかねません。だから妨害要因になる可能性もあるのですが、それは、受容や共感の場合と同じです」

【フロイトの抵抗論（抵抗は患者の理解と治療に役立つ）】

〈もう少し抵抗の役立つ面を教えてください〉

「抵抗の存在は、太古の昔から知られていましたが、それを初めて深く研究したのはフロイトです。これは前の談話療法のところでも話をしたと思いますが、フロイトは、まず言語想起に対する『抵抗』現象を発見した訳です。そして『この抵抗という契機はフロイトの学説の基礎の一つとなった』とフロイト自身が述べています。抵抗についてわかりやすく役立つように解説するのは、大変な作業なので、少しフロイトの助けを借りていきます。

フロイトは、抵抗を発見した後、抑圧されたものを想起させることよりも、むしろ想起に対しての抵抗を見つけ出し、それを分析することの方が治療が進むと考えました。彼は『治療者の使命はこの連想の抵抗を心理的操作によって克服することにあった』と述べていますが、ここで既に抵抗の治療的重要性を見出しています。

また彼は『抵抗は患者の生活態度の理解を可能ならしめる唯一の標示である』『抵抗を非難してはいけない。抵抗は患者の過去の生活の大切な材料を含んでいるので、分析の最良のあしがかりになる』『抵抗によって、初めて、自我の性格の諸特質やその形成過程を知り得る』『抵抗の克服によって患者はその洞察力と理解力を回復できる』とも述べ、抵抗が、患者の理解と治療に役立つことを強調しています」

［フロイトの挙げた五種類の抵抗］

〈抵抗にはどんなものがあるんですか〉

「フロイトは、一九二六年の『制止、症状、不安』[7]で、抑圧抵抗、転移抵抗、疾病利得抵抗、反復強迫抵抗、超自我抵抗という五種類の抵抗を挙げています。それは、

①抑圧抵抗　『思い出す』ことに対する抵抗で最も基本的な抵抗。治療の期間中ずっと続く。

②転移抵抗　フロイトは『転移抵抗は分析状況や分析者の人格との関係をつくりだし、これによって、普通はただ追想されるにすぎない抑圧を、生き生きと再生させる』（『制止、症状、不安』）『陰性転移と性愛的な陽性転移が転移抵抗となる』『転移は最も強力な抵抗の武器である』（『感情転移の力動性について』一九一二）と述べています（これは、治療が進む、つまり治療者との関係が深まるにつれて、患者はそれまで抑えていた甘えや性愛的な感情や攻撃性などの転移感情を治療者に向けるようになってくることを指していると思われます。そして、そのような原始的、幼児的感情のみで行動する結果、正しい治療関係（話し合いの中で問題点を発見していき、その

解決を図るといった）から逸脱することになり、これが大きな抵抗となるのでしょう。簡単に言えば、治療関係に移し変えられた抵抗と言えます〕。

③疾病利得抵抗　フロイトは『疾病利得から生じ、症状と自我との関係づけにその基礎がある。それは満足や安心を捨てることに対する反発心に相当する』と述べています〔要するに、病気によって得ようとした、あるいは得られた利益（免責、回避、保護され大事にされる、病気によって注目されるし周囲を支配できる、精神的安定、補償金等）を治療によって失いたくないといった抵抗ですが、これは非常にありふれたわかりやすい抵抗でしょう。これから考えると、治るとは大人の責任を引き受けるということですから、抵抗があって当然です〕。

〔この①、②、③をフロイトは自我に由来する抵抗と呼んでいます。自我とは自分や自己のことですが、フロイトはエス（本能衝動）や超自我（良心・倫理的価値観）を統制して現実への適応を行わせる精神装置と考えています。〕

④反復強迫抵抗　エス（本能衝動、欲動）に由来する抵抗です。フロイトは『抑圧抵抗を解消した後でも、徹底操作と言われる緊張した努力の時期がある。徹底操作は、自我の抵抗がなくなった後にも、反復強迫の力を克服することにほかならないのであって、この反復強迫は抑圧された衝動に対する無意識の原像の引力である』と述べています〔これは、いろいろ自己理解が進んでも、小児的退行的な欲求や癖（エス衝動）を克服することの難しさを示しているのでしょう。平たく言えば、ついつい子供のような癖が出たり、衝動をコントロールすることができにくくなったりすることを指すのでしょう。だから、反復強迫抵抗を克服するには、行動療法的な練習が必要か

もしれません。テニスに例えれば、『手打ち』の悪い癖を治すといったことになるのでしょうか」。
⑤超自我抵抗　フロイトは『これは最近わかり、最もはっきりしないものだが、必ずしも弱いものではなく、超自我（精神の倫理的側面）特有の罪の意識や処罰の要求に根差していると思われます。それはあらゆる効果に反抗し、したがって分析による治療にも反抗する』と述べています（これは、治療によって楽になってはいけないという無意識の懲罰欲求とも言えるようです。また、この抵抗は特に、自分に厳しすぎる人、自分を否定的に考える人、理想を追い求めすぎる人、過度に良心的過ぎる人、完全癖のある人によく現れるようです）。

【陰性治療反応】

以上の五つ以外に、フロイトは、陰性治療反応という抵抗についても描写しています。彼は『自我とエス』[8]（一九二三）で『分析中、希望を与え、治療が満足のいくものであることを示すと、不満を示し、状態を悪化させる人達がいる。彼等は、どんな称賛も承認も受けつけることができないだけでなく、治療の進行に対して逆の反応（一時的悪化）を示す。彼等はいわゆる陰性治療反応を示すのである』と述べています。フロイトは、これを超自我抵抗と関係づけたり、死の本能と関連させたりしています。この反応は、生きることへの絶望や、強固な自殺願望とも関連があり、最強の治療抵抗だと思われますが、一方でこれを理解し体験し尽くすことで、治療だけでなく、人間理解が大きく進展すると思われます」

【抵抗と成熟拒否・真実直面回避、抵抗の種類は無数】

〈この六種類の抵抗って実はかなり似ているんではないですか〉

「そうです。いずれも成熟した人間になることに対する抵抗です。成熟した人は、嫌なことでも自覚でき、必要とあらばそれを表現でき、その結果、人間関係を自分勝手なものにしませんし、更には病気であろうがなかろうができる範囲で責任を全うしようとするし、自分の悪い癖は治そうとし、また罪悪感を建設的な方に使おうとします」

〈そうすると、これは成熟・健康への抵抗と呼んでもいいのでしょうか〉

「簡単にそう言っていいかどうかわかりません。子供っぽい点やマイペースで振る舞うことも時には心や体にいいからです。それから抵抗を六種類に分類することは異論があるかもしれませんが、知らないよりは知っておく方が治療の益になるでしょう」

〈確かに成熟への抵抗でもあるし、またこの六種類の抵抗は、真実に向き合うことを避けようとする抵抗とも感じました〉

「その通りです。だから、逆に言えば『真実に向き合い、それに沿って行動できる』ほど治療は進むわけです。そして真実を避けようとする抵抗は治療抵抗といえるし、フロイトの挙げた六種類の抵抗以上におそらく無数の抵抗があるように思います。

もっとも、逆に治療者の方が治療が進まない原因を患者の抵抗のせいにした時、後で考えれば、患者の言っていることの方が正しく、治療者の方が逆抵抗していて、治療者の方が治療妨害要因になっている場合もあるので注意せねばなりません」

(2) 日常臨床と抵抗について

【抵抗（抵抗の疑い）の発見のために】

〈では我々の臨床ではどのようなものが抵抗になるのですか〉

「治療においてまず大事なのは、抵抗の発見です。この場合、何を抵抗とするかに明確な基準はなく、諸家においても患者の言動の何を抵抗とするかについては多くの説があります。何を抵抗とするかは、治療者の主観によることがほとんどです。ただ、治療者の抵抗判断が当たっているかどうかよりも、その抵抗判断が治療に役立つことが重要です。そのためには、まず抵抗かどうかを疑うところから始めるのが大事なことです。しかし、この抵抗の疑いを抱かせる場合も多種多様で一言では言いにくいですが、抵抗の指標となるものを、思いつくまま、列挙してみます。

- 自発的に来ない場合、カウンセリングや治療に拒絶的な時（治療に拒否的、治療意欲の無さ）
- 自発的に来ても沈黙しがちな場合
- 途中で『実は治療やカウンセリングを受けたくなかった』と言いだす時
- 質問には答えるが、自発的にはしゃべらない
- 話にまとまりがない時、一方的にしゃべりまくり治療者が口をはさめない
- 何を求めているかはっきりしない
- 話題が一つのことだけに固定する。逆に話がコロコロと変転していく
- 内容のある部分を特に強調する、逆に特定の話題を避け、『浮かんでこない』『話したくない』等と

答える

- 雑談が多くなり、重要と思われることは話さない
- 『カルテにこれは書かないでください』『これは黙っておいてください』と言ってくる
- 質問に対して答えがそれる
- 逆に治療者に対して質問ばかりする。治療者が説明したにもかかわらず、同じことを何度も聞いてくる
- 『治るんでしょうか』『いつごろまでかかるでしょうか』『どんな治療をするんでしょうか』といった質問
- 状況を羅列したり、解説するだけで、『そのことをどう思うのか』『これからどうするのか』といった話を避ける
- ぼかしたあいまいな言い方。患者の意見がはっきりしない。人の意見ばかり言って自分の意見を言わない
- 逆にある意見に関しては、頑固にそれを変えない
- 話の中で感情がほとんど出てこない。逆に、感情があふれ過ぎて抑えきれない
- 治療者の言葉にいちいち反発する。逆に治療者に対しての反発が全くない、従順すぎる
- 治療者に対して反発しているように見えるが、『良い患者』を演じている
- 面接前に、自分の言いたい内容を紙に書いて持ってくる
- 遅刻、無断欠席、中断、服薬を忘れる、逆に一度に大量の服薬をしてしまう

・前の治療者を非難する。逆に、『前の治療者の方が良かった』と言い出す
・他の治療者のところへ行ったり、他の治療を始めたりする
・治療中の行動化（自殺、自殺関連行動、自傷行為、軽はずみな行動など）
・家族に対する怒りや非難を表明する
・家族関係が悪化したり、家庭内暴力が生じる
・職場や学校での不適応、または出勤、登校ができなくなる
・電話をよくかけてくる。予約日以外の日にやってきたりする
・自己の否定的な面ばかりを話す
・逆に自己の肯定的な面や健康的な面しか話さない。簡単に症状が消え、良くなる場合
・症状や不安以外のことは話そうとしない。逆に、不安を全く訴えない
・精神病恐怖を強く訴える。逆に精神病恐怖について全く話そうとしない場合
・治療者の個人的なことに関心を持つ
・治療者の個人的なことに対して反発する。『言い方や表情が気に入らない』という場合
・治療面接の話は進んでいないながら、身体症状が出てきたりするし、周囲（家族、友人、入院中であれば、看護師、他の患者など）との関係が悪化する
・事務スタッフに文句を言ったり、絡んだりする。待合室で騒ぐ
・連想や解釈、相互検討もうまく行っているようだが、ちっとも変化が起こらない場合
・解説ばかりして、ちっとも決断しない

・逆に、早すぎる結婚や就職といった形で、軽はずみな行動を取る
・不自然な恋愛や性愛行動が生じる
・患者が面接の終わりに来て席を立とうとしない
・別れ際に重要な質問をする
・患者の健康が悪くなる

以上は患者の反応である。次の点は治療者の主観的反応である（これらは治療者側の抵抗であるが、患者の抵抗と密接に関連するので、ここで取り上げた）。

・治療者が、退屈さや眠気を感じる時、また不安・恐怖や怒り・嫌悪を感じる時
・治療を止めたくなる時、早く終わって欲しくなる時、他の治療者に回したくなる時
・治療者が自信を無くす時
・治療者が過度の不安を抱く時
・治療者が治療を嫌がる。患者に会いたくなくなる
・治療者が患者に対して治療のこと以外の関心を持つ時
・治療者が『この患者は絶対治してみせる』と意気込む時
・患者と別れるのが寂しい時
・治療者の健康が悪くなったり身体に不調を感じたりする時

これでわかるように、治療というのは、抵抗の洪水（抵抗の疑いの洪水）の中にいると考えていいでしょう。また、ごく自然で普通の行動でも、時と場合によれば、抵抗と判断されることもあります。

フロイトが言っているように『抵抗は変幻自在に姿を変える』ので、それを抵抗と認識しにくい時がありますから、いつもいつもこれは抵抗ではないかと注意を払っておく必要があるでしょう。

逆に何でもかんでも抵抗だと考え過ぎないように注意する必要もあります。いずれにせよ、それが抵抗かどうかに注意を払っていると、治療者センスは上がると思われます。

先に上げたフロイトの抵抗の分類と今列挙した点がどう関係しているかを見ておくのも抵抗理解を高めるための一つです。例えば、沈黙を保つ患者は、自分のつらさや秘密を見たくないため黙っている（抑圧抵抗）かもしれませんし、またそれは治療者を警戒したり不信感を抱いている（転移抵抗）からかもしれませんし、あるいは治療が進んで病気から得られる利益がなくなることを心配している（疾病利得抵抗）のかもしれません。また、自分は病気から解放されるべきではない、よくなってはいけない、よくなる訳がないといった超自我抵抗や陰性治療反応が関係しているかもしれません。要するに、一つの抵抗現象に関していろんな見方ができるのです」

【抵抗を発見しやすくするための治療プログラムとルール作り】

〈今、治療者は抵抗の洪水の中にいると言われましたが、どうして真の抵抗を発見するのですか〉

「確かに日常臨床では、抵抗の渦の中にいると述べました。それで、また残念なことを言うと、ほとんど全てが抵抗（または抵抗の疑い）であって、真の抵抗、偽の抵抗という区別はできません。

ただ、そうした抵抗洪水の中で、この現象を抵抗として取り上げるか、まだ早いか、いつどんな風にどんな現象を抵抗として取り上げるかということに対するセンスを磨くことが大事です。

そんな中で抵抗を見逃しやすいのは、ただ漫然と話を聞いているだけの場合です。そんな時は、抵抗が出現しない（または発見しにくい）ことが多いです。でも本当に役立つ治療面接の場合は違います。治療者があまり方針を決めずに出たとこ勝負で対応するといっても、治療ということを考え、治療面接を行っている限り『ある程度うまく行っているな』『これは厄介なところに引っかかっているぞ』という感覚を持たされます。つまり、抵抗というのは治療に対する抵抗であるので、治療に関するプログラムや見通し、治療感覚や勘をあらかじめ治療者が持っていて、それに沿って話を進めていく中で、出てくるということになっているのです。

治療プログラムに沿って治療していこうとすると、大抵は、これまでの患者の特徴や傾向と抵触することになり、患者はそこで抵抗を示すのです。だから、各治療者がどれだけ豊富な治療プログラムや感受性を持っているかどうかで、抵抗の出現度合いは違ってくるのです。

また、あらかじめ患者との間で治療に関する取り決め（治療契約）をしておく、つまり治療の構造枠を定めておくのも重要です。それは、枠がないと、どれだけ枠をはずれたかわからないことがあるからです。ただし、どれだけ枠を厳密に決めるか、かなりの自由性を患者に認めるかは議論の分かれるところでしょう」

【抵抗の診断（緊急性・重大性、抵抗の疑いの推移）】

〈では具体的にどんな場合に抵抗として取り上げるのですか〉

「それは人によって様々です。私なら抵抗の疑いを感じた時、まずすべきことは、その抵抗の緊急性、重大性の判断です。今すぐ、この抵抗を取り上げないと、治療関係が中断してしまう、自殺や自傷他害や行動化といったことが起きる、その他患者に重大な不利益が生じないかといったことを考えることが必要になってきます。いわば救急処置が必要かどうか考えるのです。緊急に介入が必要となった場合には、この抵抗の疑いを取り上げ話し合います。

ただし、普通は緊急性を帯びている場合は比較的少ないので、とりあえずは「抵抗かなという疑い」がどの程度強まるか見ていくのが上策でしょう。それと、患者の言動がどの程度やむを得ない自然なものかどうかも考える必要があります。

また、最初は先ほどあげたような抵抗をいくつか同時に感じている場合が多いので、経過の中でそれらがどれに絞られてくるか見ていくことも大事です」

［抵抗の疑いが強まった時の考え方（間接証拠、患者の気持ち・準備体制等の予想）］

〈治療の上で重大な抵抗だなという疑いが強くなった時どうすればいいんですか〉

「その時は次のように考えます。

①もし、抵抗を取り上げて、患者の方から「そんなことはない」といった否定が返って来た場合でも、十分にその抵抗を証明できる間接的証拠がそろっているかどうか考えます（フロイトも、解釈に抵抗した場合には間接証拠に頼るよりしょうがないといった意味のことを『精神分析入門』[9]で述べている）。

②患者が治療者の取り上げたことについて話し合う気になれているかどうか、例えば、患者が抵抗

を認めたとして、治療者の『そのことについてどう思いますか』『それはいつ頃からでしょうか』『その理由について何か連想が湧きますか』といった質問について考える気になれているかどうかも考えます。というのは、カウンセリングや治療は共同作業なのですから、治療者と患者が協力して、抵抗の問題を考えていくという姿勢が必要です。

③抵抗解釈を受け入れる準備ができているかどうか考えます（フロイトも早過ぎる解釈が患者を悪化させたという例を挙げている）。抵抗が正しく解釈され、それが受け入れられると、患者の洞察が広がり、治療者への信頼が高まり、抵抗による治療妨害がなくなる、といったプラスがありますが、間違って受け取られると、悪化や中断や治療者に対する不信の増大となる可能性が出てきます。

④しかし、抵抗解釈が正しくても（あるいは正しいが故に）、一つの抵抗を解釈するとまた別の抵抗が出てくる場合があります。だから、抵抗解釈のあと、どのような抵抗が出てくるか予想を立てておくことが大事です（抵抗は単純なものではなくて、複雑で多層的なのです）。

⑤抵抗解釈は、かなりの時間とエネルギーを要する時が多いです。だから、その時解釈を可能にするだけの時間と気力、決心と実力、または患者の状態を配慮する余裕が自分に備わっているかどうか考えることが必要です。

⑥要するに抵抗を取り上げた場合の最良の結果と最悪の結果を予想しておき、最悪の結果が出てもかまわないという覚悟とその時はこうしていこうという何らかの対応策が持てているかどうか確かめて、踏み込んでいくことを考えます」

［抵抗についての更なる連想］

〈抵抗を取り上げ話し合うことで、患者の自己理解が深まる、というもっとも大事な点が得られる可能性があることはわかりましたが、それ以外抵抗に関して気を付けていくことは？〉

「以下のことについて考えるよう気を付けています。抵抗の連想は、患者理解を豊富にします。

①抵抗の種類や性質・フロイトの挙げた五（六）つの抵抗のどれかに相当するか？　あるいはそれらとはあまり関係のない抵抗か？

②この抵抗は顕在性か潜在性か？　潜在性とするとライヒのあげた潜在性抵抗（latent resistance）（過度に従順な受け身的抵抗、常に礼儀正しい強迫的抵抗、感情閉鎖傾向、感情表現に真実さを欠く態度など）のどれかに相当するか？

③抵抗と防衛　この抵抗はどのような防衛（不快・不満・葛藤等から自分を守ろうとする無意識的適応機制）と関係しているか？（A・フロイトは、父親の防衛に関する研究を更に進め、抑圧、退行、反動形成、分離、取り消し、投射、取り込み、自己自身への方向転換、対立物への逆転、昇華といった防衛機制を列挙した）この抵抗によって何が防衛されているのか？　患者はこの抵抗によってどんな利益を受けているか、逆にどういう不利益を被っているか？

④現在の病態水準　極度の錯乱状態、不安状態、抑うつ状態、意識障害などでは、抵抗についての話し合いは不可能で、薬物の使用等が優先する場合がある。

⑤現在の治療関係　信頼関係の深まりの程度と転移関係の様態（信頼関係が無いところで抵抗を取り上げると、有害な結果になることが多い）

⑥抵抗の持続期間と性格との関係、抵抗の根深さ　この抵抗は新しいものか？　比較的古いものか？　どの程度性格と結びついているか？　患者の抵抗の歴史を探求することが大事。患者理解につながるだけではなく、治療の鍵を握る。
⑦抵抗の連続性や一貫性はどの程度か？
⑧治療者側の逆抵抗や治療構造上の問題点はないか？
⑨患者以外の家族に抵抗はないか？
このように考えていきますと、抵抗の探求は、即治療につながるということです」

［抵抗の疑いの後の治療者の作業・行動］

〈もっと具体的に抵抗を疑った後、治療者がどう行動するかを教えてください〉
「これも、多種多様です。
・抵抗をしばらくそのままにしておく、抵抗を泳がしておく（未だ抵抗かどうかはっきりしない時）。抵抗がどうなっていくか観察する訳です。抵抗は一種の主体性の現れとも言えますので、抵抗を育てることも大事になる場合があります。
・抵抗に注意を向けさせる（具体的には『この点についての話が少ないように思えますが、いかがですか』『最近、欠席が多いようですが、どうですか？』といった質問をして患者の反応を見る）。
・抵抗を直接指摘する（例えば『あなたは解説ばかりしていますね』という言い方。しかし、このように直接指摘することは、比較的少ない。ただ一度克服された抵抗が反復して現れる場合や緊急事態や直接言った方がわかりやすい患者の場合等では直接の指摘もあり得る）。
・抵抗のためにできなくなっていることをさせるような質問をする（例えば、人の意見ばかり言って自分の意見を言わない患者に向かって『ところで、あなたの考えはいかがですか？』という質問をする。ここで患者が自分の意見を言えれば、それでひとつ抵抗を克服したことになるし、相変わらず、自分の意見を言わなければそこに抵抗点があることを認めざるをえなくなる。これに類した例は、『ところで、何を求めておられるのですか？』『これからどうされますか？』『私の質問はなんでしたか？』（人の話を聞いていなかったり、質問に対する答えがいつもそれる場合）といった質問がある）」

【患者が抵抗の存在に気付いた後の治療者の働きかけ】

〈患者が自分の抵抗の存在に気付いたり、注意を向けたりしだした場合、治療者はどうしたらいいんですか？〉

「おおむね、次のような働きかけをするといいようです。

①抵抗を認めた患者は、自責的になる時があるので、抵抗は人間の一つの傾向の表現として十分意味があるのだということを踏まえながら、抵抗の姿勢をとってきた患者を受容する（例えば「人間、言いにくい時もありますよね」といって患者の抵抗を認めてあげる）。

②抵抗によって守っていたものと、失ったものを考えさせる。抵抗は意味もあり、有益でもあるということに注意を向けさせる。

③同じことだが、抵抗の起源を考えさせる（状況因、性格因等）。
④同様の抵抗が、患者の日常生活や、他の治療場面で出ていないか考えさせる。
といったようなことをすると思います」

[抵抗を生かす]

〈先程から強調されているように抵抗の生かし方を考えるのですね〉
「そうです。抵抗の疑いや発見は、あくまで患者の役に立つものとして行う必要があります。そういった目で見てみた場合、さきほど挙げた抵抗を疑わせる現象は、例えば、自分の身を守り、侵入を予防し、マイペースを保とうとする必死の姿かもしれないし、また追い込まれて必死に奮闘する人間の姿でもあるかもしれません。いずれにせよ、その姿は、それまでの本人の歴史の結果であり、本人の特性でもあるのです。

ただ、それを上手に使いこなし切れていないために、症状という有害な結果が出てしまったということなので、それを本人の役に立つためにどうするかを共同探求するといいと思われます。抵抗を育て、抵抗を生かすということはそういう意味であり、それは治療者という鏡や壁や器や同行者があって可能になることが多いので、治療者の側も患者の抵抗を生かせるように治療力を上げることが要請されてくるのです。

この抵抗現象を考える度に、一見治療の妨害要因に見えるものも、背後に治療促進要因を秘めているし、また表面上、治療が進んでいるように見えてもそれが妨害要因になっていく場合もあるということを痛感させられます。

そう見てみると、「禍福糾える縄の如し」ではないですが、促進要因と妨害要因は表裏一体なのかもしれません。いずれにせよ、こうした抵抗現象から、治療の促進になるものは伸ばしていき、妨害になるものでも促進に変えていくように工夫する必要が治療者にはあるようです」

(3) 抵抗の取り扱いに関する二事例

〈抵抗の取り扱いの例を挙げてくれますか〉

［事例3　一七歳、男子高校生］

「この例は、最初から精神科治療そのものに抵抗を示した例です。本人は両親や兄に抱きかかえられるようにして入って来ました。明らかに連れて来られたようです。そこで、次の対話を交わしました。

治療者《今日はどういうことで》

本人『……』（とても嫌そうで納得いかない感じでの沈黙。最初の抵抗）

《今日は自分の意志で来たの？　連れて来られたの？》（治療抵抗の有無の確認）

『連れて来られたんです。こんなところ自分の来るところじゃないんです』（診察に拒否がある）

《そうか。それなら腹が立つしまた少し怖いかな》（抵抗を示す本人への思いやり）

『うん、まあ少しは』(本当は多いかもしれないが少し認めている。対話可能か)
《腹が立つとして、ところで自分では診察が必要と思う？　必要じゃないと思う？》
『必要ないです』(この辺りの抵抗は強い)
《じゃ、何故家族は嫌がる君をここへ連れて来たのかな？》(間接的情報への手がかり)
父親『最近おかしいんです。学校に行かなくなったら、窓を閉め切って一人で部屋にこもったりするんです。事情を聞くと自分の悪口が聞こえるとか、自分が盗撮されたり、自分の声が盗聴されたり、それで陰口を流されたりと言ったりするんです。変だと思い家族全員で相談してやっとの思いで連れて来たんです』(大分事情がわかってくる)
《君、今のお父さんの話は事実？》
『本当なんです。盗聴・盗撮されているのは間違いないし、そこから僕の悪口を流されているんです。妄想ではないんです』
この後、治療者は事情を詳しく聞くと、クラスでアイドルのような存在の女の子に、気取りすぎている、と悪口を独り言のように言うと、それがいつの間にかその子に伝わって、その子のグループの全員が僕の悪口を言いだして怖くなって学校に行けなくなったこと、家に帰ってからでも悪口は聞こえ、盗聴・盗撮で自分が監視されているのは間違いない、と訴えたのです。もちろん家族は、声も聞こえないし妄想や幻聴と言い、話が分かれます。ただ、夜は寝ていないし、相当疲れていることは本人も認めています。そこで治療者は本人に尋ねます。
《いずれにしても、君これからどうなって欲しい？》

『そんなの考えられません』（これは抵抗と取ってもいいが、脳機能・思考能力の低下だろう）
《まずは睡眠をとって、脳の疲れをましにすることはどうかな？》
『ということは眠るための薬が出るということですね。僕を病気扱いにしないでください』（病気を認めることへの抵抗）
《病気扱いされないためにはどうしたらいいと思う？》
『……』
《狙われているとか、監視されているとか言わないこと、窓のカーテンを開けること、よく眠ることがまず必要じゃないかな》
『そんなこと言われても……』
《君の体験している悪口、盗聴・盗撮は本当としても、決定的証拠・証言がなさそうですね》
『いやはっきり聞こえるのは間違いないので事実です』（客観的事実への抵抗）
《ただ、盗聴・盗撮の機械が見つかったり、君以外に声が聞こえた、君が悪口を言われていると証言してくれる人はいるかな》
『今はいないけど……』
《それなら、今のところは、声や盗聴・盗撮が本当であったとしても、それがあると発言すると周りから理解されず妄想扱いされるということになるけど》
『うん、まあ……』
と言うやりとりの後、《精神科は異常正常を判断するところではなく、誰でも困っている人のためのよろず相談所である》ということを強調し、《次回にまた話し合いましょう》と言って、不眠時の為の薬（ベゲＡ一錠）を処方しておきました。

帰宅した後、本人は薬を飲むのに抵抗したようですが、とにかく夜は眠って欲しいという家族の訴えに負けて飲んだところ、気持ちよく眠れてよかったとのことでした。次の夜からも飲み続け、一週間後にやってきた時には『よく眠れたし、声が聞こえるのも少なくなったし、変に思われる発言はしなかった』とのことでした。

その後、学校にも行けるようになり、幻聴・妄想体験に関しては、『ひょっとすると思い違いかも』と言い『いずれにせよ、先生の言うようにどちらかわからないことは口にしないでおこう』と述べました。落ち着いてきた後、妄想だったかどうかは別にして、自分は周囲からどう見られているのかすごく気にする方だったという発言があり、それに振り回されないでおこうということになり、治療はひとまず終わりました。三年前の事例ですが、その後再発は聞いていません」

【解説】

〈治療意欲がなく精神病圏の人でもこんなにうまく行ったのはどうしてですか〉

「妄想がそう根深い訳ではなく一過性のものだったということもあるし、本人の体験を妄想と決めつけずに、本人のペースや波長に合わせていったことでしょうね」

〈妄想だという洞察は必要ないんですか〉

「必要だとは思いますが、本人が受験の方に熱心になり、治療が早く終わったのでしかたないですね。でも何かあればまた来るでしょう。あまり慌てなくていいと思います」

【事例４　三五歳、男性（長期に渡る不安神経症）】

「次の症例は、三五歳の不安神経症の独身男性で、もう一〇年近くこの病気で苦しんでおられいろんなところで治療を受けていました。

私は、牧師からの紹介でこの患者を引き受けたのですが、最初は症状やその苦しさを訴え続けるだけで話が深まりません。とくに初発状況や症状の起源を聞いていってもはっきりせず『疲れたから』とか『よくわからない』とか言いその点に関しては沈黙しがちになるのです。

要するに抑圧抵抗（嫌なこと、不快なこと、恥ずかしいことを思い出したくない、避けていたい）が働いたのです。私は早速これを取り上げ『そのことを思い出したくないようですね？』と解釈的質問をします。彼はもちろんすぐにはそれを認めません。しかし、初発状況の探求を試みる度に何度もそうした抵抗が出現し、その度にそれを患者に見せていくと、ついに彼も「実はそれを思い出すのがつらかったんです」と言いながら、症状の出現前に、上司にひどく怒られたこと、それがひどく屈辱に思えて耐え難かったこと等を話し出したのです。

また昔から嫌なことを言われるのは耐え難かったので、そんなことを言う友達とはつきあわなかったこと、そのため友人がほとんどできなかったこと、また幼い時から両親に大事にされ、ちやほやされたこと、今まで叱られたことがなかったこと、ひどく内弁慶だったこと、更に就職して初めて親元を離れとても心細かったこと、上司にあのように怒られたのは初めての経験でこれからどうなるのかと不安に思い親元に帰りたくなったこと等も語り出したのです。

さて患者はその後、抑圧抵抗が克服されたのか、私に幼児期から今までの過去のこと、家族のこと、自分の自己愛性格や対人関係での困難等を話題にし、症状の訴えは徐々に少なくなってきたのです。彼は私に陽性転移を向けてきたようでした。私の方も治療関係がうまくいっているなと感じ、話題を将来のことに向け、働くことを勧めたところ、彼も仕事に行きたいと述べました。しかし、その後彼は治療に来なくなったのです。

これは私にはショックでしたが、二か月後に再び来院したので、早速この抵抗を取り上げたところ、彼は『実は先生の前でいいかっこうをしていた。先生に悪く思われたりするのはつらいし、叱られたりするのもこわかった。本当は仕事に行ける自信がなかった』と語ったのです。要するに、表面上は陽性転移を向けながら、内心では治療者から、分離、独立、決断を迫られる恐怖、そうしたことを満たせなかった時の叱られるのではという恐れなどの陰性転移感情（転移抵抗）が潜んでいたのです。

このような陰性感情を受容していくと、患者はもっともっとフランクに治療者への疑問や不安、恐れなどを表明できるようになり、また話は深まっていったのです。

しかし、彼は一向に働きに行こうとはしません。そこで私が『治ってしまうと実は困るのでは』という話に水を向けていくと、患者は『実は治りたくない気持ちもある』ということをためらいがちにもらすのです。つまり、彼の家は結構裕福だし、またこの年になってろくな仕事もないし、また社会に出て大変な苦労をするのもうんざりであるということなのです。ここに疾病利得抵抗が出現してきたのです。私はこれを聞いて、すぐ否定せず、もっともな気持ちだとして共感しました。そうするとしばらくして『やはり、この年になってもがんばっていかないと。それに結婚もしたいし』と彼の方から言い出したのです。

その後、資格を取る勉強をしたり、就職活動をしだしましたが、その頃時々憂うつになるというのです。話を詳しく聞きますと『自分は最近になってつくづくだめななさけない人間だということがわかってきた。こんな自分は生きていく価値のない人間だ』という気持ちを持っていることがわかりました。いわゆる超自我抵抗（理想自我による抵抗）が活動してきたのです。

これに対し私は、治りかけにはこうなりやすいことを説明すると共に本人の底に潜むプライドの高さとその大事さも指摘しました。それで彼はかなり安心したようです。以後、このような発言は少なくなったのです（もっともこの患者にあっては超自我抵抗はあまり強いものではなかったようですが）。まあ、ざっとこんなふうにしながら進行していき、彼は、治療開始後二年たってようやく仕事に行き始め、その一年後には結婚にこぎつけたのです」

［解説］

抑圧抵抗、転移抵抗、疾病利得抵抗、超自我抵抗が順番に出ている。実際はこうした抵抗は同時に入り混じった形で出てくることが多いが、読者にわかりやすいようにやや段階的に述べました。

第3章

転移・逆転移について（治療の最重要ポイント）

1　転移・逆転移について

(1) 転移・逆転移は感情であり、二つは同時に生じる

［転移の取り扱いが治療の行方を左右する］

〈今度は治療面接の中で最も柱になると思われる転移について教えてください。転移は当初は治療妨害要因と言われていましたが、今は治療に欠かせないほど重要なものと言われているようです。抵抗・転移・逆転移は、精神分析に限らず治療の三本柱、三点セットと言われているようですが、まず転移って何故こんなに治療にとって重要なのですか〉

「転移が重要というより、転移感情の取り扱いが治療において大切なのです。というのは転移というのは患者と治療者がいれば必ず起きてくる現象であり、それの適切な取り扱いが治療の成否を決めるからです。患者も含め人間はみな理論、理屈、知識では動きません。人間の奥底に眠る無意識的感情にしろ意識的な気持ちにせよ、両者の間の情緒的交流・気持ちの交わり（これこそが転移・逆転移感情）が人間を動かすのです。換言すれば、転移・逆転移の全体を深く広く正確に理解し、適切な道を共同探求していくところに治療の真髄があるのです」

【転移とは感情である】

〈それでは、その転移というのは、そもそも何なのですか〉

「転移を定義するのは至難の技ですが、転移がどういうものかをよくわかっておく方がいいです。転移をわかっていると不必要な犠牲や苦労やつらさを患者に与えることが少なくなり、有益な気づきや感情の豊かさや生活・対人関係能力の向上、安定・成熟といったことが可能になります。

それで定義ということですが、大事なことから言うと、それは『感情転移』とも言われているように『治療者に対する感情の総体』ということです。つまり治療者と相対している患者の『治してくれるかしら』『楽にしてくれるかしら』『先生（治療者）を好きになってしまった。恥ずかしい』『見捨てられたらどうしよう』『今度の治療者も期待できない。ミスがあったら思い切りとっちめてやろう』といった、期待・愛着・不安・怒りといった感情だということです。

普通にうまくいっている時の転移感情は、やや陽性の信頼感や治療同盟に基づき、両者（患者、治療者）共同で、病気の背景や対策を探究していこうという治療促進的な感情です。この感情だけで行けるといいのですが、もちろんそうはいきません。純粋の信頼・協力感情だけではなく、いろいろな感情が出てくるのです。そして感情はなかなか自分の思い通りにはできず、治療者も患者もせいぜいその一部を意識したりコントロールできるぐらいです。

それでも、患者の気持ちの理解、治療者自身の心の理解、両者の間で何が起きているか（治療関係の有様の理解）の認識が、少しでもできる方がいいのです。

だから、転移が重要というよりは、転移・逆転移感情の理解とその適切な取り扱いに、治療の成否がかかっているのです」

［転移は、治療開始前に始まっている（錯覚と脱錯覚は生後に始まる）］

〈よく転移が生じたとか転移が強くなったとか言いますが、転移はいつから生じているんですか〉

「治療者に対する転移は、もう治療者に会う前から始まっています。大抵の人は多かれ少なかれ、ある期待や不安を持ってクリニック、病院、カウンセリングルームを訪れます。そこでもう既に、治療構造転移（こんなに有名な病院なら治してくれるに違いない、こんな小さな貧弱なクリニックで大丈夫なのか、といった）というものが起きています。

また治療者に対する期待や不安もいろいろ感じているでしょう。これは『前形成転移』と呼ばれているので注意しておく必要があります。有名な治療者ほどそうしたものを向けられます。

そして、もっと言うと転移は幻想・空想・投影といってもいいですから、乳幼児期から始まっているのでしょう。まずは母や父に期待や幻想を向けそれが裏切られる現実を体験して不満を感じるし、また幻想を向ける自分の勘違いに気づかされる。そういう錯覚（幻想・空想のままの）と脱錯覚（現実を正しく認識する）ことの繰り返しが始まります。それはやがて、友達・先生・異性・重要人物に対する期待と裏切られ感の繰り返しになっていくのです。その意味で一般的に言われる『転移が起きた』という感覚は、そうした治療者への感情転移が強くなり、放っておいたら厄介なことになりそうだという感情が治療者の中で感知された時を指すのでしょう。

それから転移は治療前・治療中はもちろん、治療終了後も続きます。すごく深い感情的体験をしたんですから、思い出というか消しがたい深い記憶として残るでしょう」

［転移と逆転移はセットである］

「それからもう一つ大事なことですが、転移と同時に治療者の逆転移感情（対抗転移感情）も生じているということです。例えば、治療前から、治療者は『今度のケースは難しそうだ。うまくやれるかどうか心配』『私の苦手な境界例がやってきた。巻き込まれないかしら』『今ちょうど摂食障害の研究をしている。うまい具合に過食を繰り返している患者が来た。何とかつなぎとめておいて治療だけでなく研究の役に立たせたい』といった不安、恐怖、心配、期待等を感じます。また治療中に『なかなか治らない。今まで何をやっていたんだ、と言われて困惑してしまった』『治療者のプライベートなことを聞かれた。どうしたらいいのだろう』『いつも苦しい、治らない、何もしてくれない、という患者の言葉を聞かされ、うんざりする』といった困惑や疲労感など様々な悩みの逆転移が生じます。また、中断や自傷行為、自殺関連行動、患者からの怒り・攻撃性、しがみつき、恋愛性転移感情などが生じると、それこそ様々な逆転移が引き起こされます。

そして、治療が終わった後でも、後悔や不十分な感じ、もう少し聞いておけばよかったのに、といった様々な逆転移感情が出てくるのです。

もちろん様々な逆転移感情を感じながらも、そうした感情を冷静に見つめて、それらを踏まえながら、患者と共に、適切な治療作業を行っていこう、患者に益しよう、不必要な害や傷を与えないようにしようという、陽性の健康的な逆転移感情が中心になれば治療は進むのです。

ということで、転移と逆転移を同時に論ずる方がいいのですが、本書では理解をわかりやすくするために、まず転移、その後で逆転移について触れ、事例の中で双方の転移感情、逆転移感情をまとめて記述するという形をとります」

(2) 転移とは？

［転移の一般的定義］

〈転移の感情面、生まれた時からの活動、また自分ではどうにもならない幻想、治療的な転移・逆転移感情というのはわかりましたが、ここらで一般的な定義をしてください〉

「転移の定義は困難というより不可能に近いですが、一応参考までにこれまでの定義を挙げると『精神分析で患者が親に対して抱いていた感情を治療者に向けること』『患者が精神分析療法によって退行した際に、無意識に治療者に負わせる様々な非現実的役割または同一性、及び幼児期体験に由来するこの表象への患者の反応』（無意識、非現実、幼児期体験がキーワード）、『①治療同盟を含む（自我心理学派）、②新たな形で幼児期の感情や態度が出現し、治療者に向かう（古典的精神分析派）、③防衛の転移と外在化を含む、④過去の再現であり、しかも患者が治療者との中で表現することになる不適切な思考や態度、空想、情動の一切を含む、⑤治療者との関係の全てを含む』（治療同盟、幼児期体験の新たな再現、防衛、不適切な心的内容、全ての側面）、『非転移的な要素から転移を区別することは、（患者側から起こる）関係のなかのあらゆる要素を転移と名づけることよりも有益に思える。この区別によって、状況に内在するあらゆる様々な要素から臨床的に重要なものを限定したり、どんな治療形態においても患者─治療者間の交流に入り混じっている多くの要因の相対的役割を明確化できるであろう』としています（区別が重要）。

［転移の一応のまとめ］

〈それはいいんですが、ちょっと頭と心を整理しておかないと前へ進めません。私なりに今までの転移に関する印象をまとめさせてください〉

「それはいいことですね。やってください」

〈印象に残った点は以下の通りです。

①転移は生後すぐにもたらされる感情で、客観的現実に対する主観的感情である。それは死ぬまで続く（場合によっては胎内にいる時からあるかもしれないし、霊魂を考えると亡くなってからもあるかもしれない）

②患者の転移は治療者には必ず向かう。患者は『治療者が万能であり自分の奴隷のように動いてくれる』というアラジンの魔法のランプ願望を持たされているからであり、治療者は自分より知的に優れていると思い込んでいるからである

③一般に『転移が生じた』というのは、転移が強くなり、転移に注意する必要があると感じる時、また後から振り返ってこの患者の言動は転移というべきだったと感じる時である（非常に弱い転移の時は、転移はあっても気づかれないし、注意しなくてもいいのだろう）

④転移は当初有害と見られたが治療の大事な手段である。特に、いろんな感情を持ちながら、治療者と自分の心や問題点を探求し、自分の心を整理しようとする感情は治療的である
⑤患者は転移によって大事な秘められた感情を体験し、それを解読することで、感情や知の領域を広げ、整理でき、安定に向かう
⑥しかし、下手に扱われるとしがみつきや強烈な性愛的転移を起こしたり、根深い敵意や恨み・怒り・攻撃性の陰性感情を刺激することになる
⑦転移の強まりにはいつも注意しておき、必要を感じたら介入していい。しかしなるべく相手を傷つけずに暖かく、しかも真実から目をそらさない態度が重要である
⑧転移を取り上げる時期、転移の取り上げ方、取り上げた後の反応に対する対応の仕方などはかなり難しい。しかし、そこに治療の鍵がある
⑨精神分析的治療、特に自由連想法は転移を起こさせやすい。大体、カウチ（寝椅子）に寝るという行為自体が、幼児に戻るという転移構造を提供しているのである
⑩患者の転移が強まっているかどうかを判断するのは難しいので、自己分析だけに頼らず、仲間やスーパーヴァイザーにも聞いてみること
⑪転移が起きるぐらいに分析治療が進まないと、患者の中核的問題点が明らかにならず、その結果全貌的理解も難しくなる

ざっと、これぐらいを思いつきました〉
「それでいいんじゃないですか。だいたい面接治療って人間同士の共同作業だし、そこで共に体験

したこと・達成したことは貴重なことですよ。だから転移は大事ですね。危険でもありますが」

【転移感情は火と水に似る（一度活動すると止まらない）】

〈それでは転移についてもう少し詳しく説明してください〉

「いや、ここまででかなりのことが述べられたので、後は繰り返しになりますが、治療困難の中で転移ほど厄介な困難はないですね。自殺や自傷他害といった行動化とも密接に関連していますからね。転移（感情転移）という現象は、治療者へのしがみつき・執着や反対の不信・疑惑・拒否・憎悪といったようなものですから、激しいことでしばしば両者が圧倒されますよね。

転移・逆転移（治療者が患者に抱く感情転移）は一般的に厄介な現象とみられている場合もありますが、とんでもないことで、転移感情・逆転移感情は、治療の前・最中・後、全ての期間において生ずる現象であり、これがあって初めて治療が可能になるという非常に貴重なものです。ただ、転移の取り扱いは難しい面があります。転移・逆転移を適切に扱えば、それらを有効に活用したことになりますが、不適切に扱えば『転移・逆転移にさらされる』ということになるのでしょう。

転移・逆転移は例えて言うなら、火や水のようなもので、それはどこにでも偏在しているもので、うまく使えば人間の生活を豊かにうるおしてくれるが、下手に使えば火事・火傷・洪水といった災厄をもたらすのです。この意味で、火や水が、感情の象徴とされているのは、むべなるかなという思いがするということです。

それと、火事や洪水がそうであるように火や水といった転移感情は一度暴れ出したら『もう止まらない』というほどのエネルギーを持っているということです」

［定義は不可能だが転移を知ることは役立つ］

〈その比喩はよくわかりますが、そうするとますます転移の定義は難しくなりますね〉

「はっきり言って正確で誰でもが納得できる『転移の定義』は不可能です。それは『人間とは何か？』『対人関係とは何か？』『感情とは何か？』という問いに答えるのと同じ難しさを含んでいます。それほど転移は感情と同じく普遍的な現象・概念なのです。

しかし、転移についてあれこれ勉強したり、治療面接を積み重ねたり治療関係をもつことで転移を感じ、その都度、自分の患者の転移がどうなっているかを考えたり、その度に諸家の転移に対する考え方を整理していくのはとても有用で治療のプラスになります。

転移について何も知らないでいるよりは、転移についてある程度の知識・体験を持っている方が、転移に対する『良質の想像力』が養われることになるのです。

だから、転移について徹底的に研究する人がいてもいいですが、私はある程度の理解と体験をまずは大事にして、治療実践に当たっていきたいと思っています。必要があればまた勉強すればいい訳ですから。

(3) 転移の重要性

それで再び転移の話に戻ります。治療過程において、転移は大抵の場合、出現してきます。それは、治療者への過度の期待やしがみつきといった陽性転移や、恐れや拒絶といった陰性転移などですが、慣れていない治療者は、転移感情について困惑したり辟易したりもします。ここで実際に治療が嫌になる治療者もいますが、そうなると想像力が湧かず、治療空間が活かされません。患者に不必要な犠牲と苦労を強いてしまいます。現実には、治療にとって転移は非常に重大な要素です。ユングは、フロイトの『あなたは転移をどう思うか』と聞かれ、『それは治療のアルファでありオメガです』と答え、フロイトは、大いに満足したとの話であります。

ユングがシュピールライン（患者から愛人になった）のことで相当苦労したように、転移の取扱いはそう簡単ではありません。フロイトも『分析治療の中心は、転移の分析である』と言いながら、一方で『抵抗分析の中で一番厄介なのは転移抵抗の分析である』と述べていますが、まさに至言だと思います。ただここで、転移全体について述べることは到底不可能なので、私の体験的要約を述べておきます。

(4) 感情転移の特徴

これも繰り返しになりますが、私なりの転移の特徴を挙げてみます。

①転移の範囲は幅がある

転移、または感情転移は広義の意味と狭義の意味とに分かれるように思われる。

広義に解釈すると転移は、患者の治療者に対する感情総体を指すと思われ、狭義に考えると、それは『患者の人生において、それまでに出会った人々（主に両親や同胞等）に対して抱いた感情や願望、衝動などを、治療者に移し換えること』と思われる。

つまり転移とは『ある種の感情を治療者の方向へ転じて治療者の方に移動させる』ということで、だから転移と呼ばれるのである。従って、誰かに抱いた感情を転じて移動する訳だから、どんな対人関係でも生じる。ただ、患者にとって重大な治療関係での転移の方が強烈であろう。

②転移されやすい感情（人物・自然に対しての感情）

どんな感情が転移されるかと言えば、一番は、母親や父親に向けていた感情が転移されることが多いと言われている。しかし、それだけではなく、同胞、先生、友人、恋人、上司、子供など自分にとって大事だと思える人物に対する感情が治療者に向けられることが多い。

また大事なことは、現実の両親や人物ではなくて、自分の期待する（あるいは恐れている）想像上の両親像や人物像に関する感情が治療者に向けて転移してくる。

もっというと、人間だけでなく神や悪魔、女神や魔女など、想像上の神話上のものに関する感情まで転移してくる（いわゆる元型的転移）[10]場合がある。極端に言えば、花や動物、太陽・月・星といった天体的・宇宙的なものへの感情も転移してくることがあるのである。

③幻想的性質

ここから、わかるように、転移感情（転移された感情）は、しばしば不合理で非現実的で空想的な色彩を帯びてくることが多い。いわゆる自分勝手な感情を、治療者に移す（映す）ことで、それは投影とほぼ同義語と考えてもいい。

④治療者に対する幻想的感情・万能感的感情、恋愛感情

従って、治療場面では、しばしば、現実の治療者の役割や能力（患者の自覚や自立を助けることで、それはあくまで患者が主役となってする作業で、治療者は脇役としてそれを援助するぐらいである）以上のことを期待しがちになる。例えば、『お母さんのように二四時間見守って欲しい』『恋人のように、常に自分のことだけを考えていて欲しい』とか、『父親のように、自分を引っ張って欲しい』『神様のように一瞬で楽にして欲しい』『先生（治療者）が大好きだ。一度でいいから二人きりで一晩を過ごしたい』という空想・投影を向けることがある。

このような幻想的期待は、陽性の転移感情と呼ばれるが、幻想であるが故にいつか期待は裏切られることになり、その時は『先生に裏切られた』『先生は冷たい』『先生は天使づらして、実際は悪魔だ』といったような陰性転移が生じることになる。

⑤人間関係は、幻想（転移）と現実の交錯

ただ、幻想は一般の人間なら持って当たり前である。そして日常の人間関係において、しょっちゅう相手に何らかの幻想を投影している。ただ、健康度が高い人間は、幻想を投影しているだけでなく、客観的な現実認識も持てている。通常の人間関係は、幻想と現実認識の交錯の中で生じてくる。幻想が豊富なのはいいとして現実的認識を欠くのは危険で有害である。しかし、幻想が少なすぎて干から

びた人生になるのもつらい。

⑥転移（幻想）が促進されやすい場合

健康度がより低くなっている患者は、先述したように現実認識が乏しいというか未開発である。したがって幻想が肥大し、投影が強くなり、強烈な転移感情を抱きやすい。治療者が注意しなかったり、治療者の不適切な逆転移（自分に転移感情を向けて欲しい）があれば、転移は激しくなり、危険な様相を帯びる。

⑦人間関係であれば転移は必発

このように、現実の人間関係でも治療関係でも、転移現象は必発だと考えられる。それは、相手へのとらわれであり、執着でもあり固執でもある。表面だけは良い関係が続いているがお互い相手への期待（転移）に大きく重大なずれがあれば悲劇は生ずる（ある男女の関係で、男は『一度きり』と思い、女は『永遠に関係が続く』と考えるといった場合である）。

⑧転移は永遠に続く

幻想や転移はなくなることはない。それは、心臓から絶えず血液が出ていくように、脳や心の中で絶えず産出されるものである。

⑨転移に問題の核心がある

転移感情は治療抵抗と同じく厄介視されることがあるが、とんでもないことで、転移や抵抗は治療の原動力であり、またこれによって問題の核心点に近付けるのである。もっというと転移感情の中に問題の最重要部分があるといえる。

⑩転移の取り扱い方が肝心
だから重要なのは、転移や抵抗をどのように認識し、どのように取り扱うかといったことである
⑪転移感情の間接化の重要性
転移感情という直接体験を、距離を置いて間接的に見つめ、整理するということで、患者の内的抵抗の克服やより高い発達段階への移行や成熟がなされる。この間接化は治療者自身がまず行い、そして患者も治療者の助力を得ながらこの間接化を共有するのである。
⑫転移は生物の基本現象の拡大版
転移現象は生物なら誰でもが持っている。癌細胞の転移も生物の捕捉現象もその一つである。その普遍的現象を治療関係の感情部分で起きることに適用しただけである。

(5) 感情はもともと転移性をもっている

だいたい、喜び・悲しみ・愛着・寂しさ・怒り・イライラといった感情は「ある状態や対象に対する主観的な価値づけ」と言えるように必ず対象を有しています。それ故、感情の内容も対象も様々に変化、すなわち転じて移動する訳です。そして、感情を向ける相手、つまり転移する対象は人間とは限らず、物や自然、あらゆることに渡ってくると言えます。だから、転移の分析とは感情の分析と思えば、そう転移を特殊なものと考える必要はありません。ただ「転移が生じた」といった形で言われる「転移感情」とは、おそらく治療の中で、その感情の理解や分析が必要になってくるほど、重要に

なった、強くなったということなのでしょう。

(6) 転移感情の分析の有用性

それから、転移感情を取り上げることやその分析は、治療上大変有効なものであるが、その理由に関して少し、私見をまとめたので以下に提示します。

①安心感の獲得

安心感が得られる（治療を始めると患者は、しばしば治療者に好意を抱いたりし、強い時には治療者を親や恋人のように感じてしまうこともある。逆に治療者に強い恐れを抱くこともある。このような陽性・陰性の転移感情は、今まで経験したことのないようなもので、患者を不安にさせたり恥ずかしいと感じさせることが多い。この時、そうした転移感情は人間として当然で、また秘密を打ち明けていく側面を持つカウンセリングでは、特に生じやすいものであることが、治療者が患者と話し合うことで、患者に理解されると患者の安心感は高まる（転移感情は患者にとっても衝撃で不安感、罪責感、恥感覚を引き起こすし、秘密にすればするほど強まると言える）。

②正しい認識が得られる

幻想と現実の区別がつき、正しい認識が得られる（転移感情は、患者の幻想であることが多い。この幻想だけで動くと様々なトラブルが生ずる。ただ、カウンセリングの過程で転移感情を取り上げ、幻想から出発して現実認識が得られると、幻想だけに振り回されずに、正しい認識のもとに行動ができる。これは転移の洪水に対する防波堤になると思われる）。

③カタルシス（モヤモヤの発散、毒消し、心の膿取り）

患者は、現在も含め、多くのつらい苦しい歴史を持っている。それは治療者への転移感情として出現することが多い。治療者が、その転移感情を尊重し、それを大事な心の表れとして受け止めてあげると、患者は、これまで人生で感じていたつらさ・苦しさ・傷つき・不満・怒り・イライラ・寂しさといった、心の膿や毒のようなものを発散し、治療者の存在は『毒消しの容器』『癒しの器』となっていく。その時治療者の中に恐れ・うんざり感・辟易感が生ずるかもしれないが、それを踏まえて、この告白を聞くことが治療上大事なのだという感覚が働くことを祈る。

④再体験・新たな体験ができる

事実はともかく、治療場面で見る患者は、満足な母親体験・父親体験、あるいは友人体験・恋人体験などを持っていないことが多い。逆に、傷ついたり恐ろしい体験を有していることが少なくない。こうした患者が、治療者との間で、心に染みいるような有益な人間関係・感情体験を持てると、患者は癒される。これは知性的に『私の過去は悪いことだらけと思っていたが良い面もある』と認識するだけでなく、治療者の前でそのつらさ・苦しさを言え、治療者に万能感的期待を持っていることを言え、自らがそうしたことを受け止めると共に現実を見つめていくという体験が大事なのである。ピアノやテニスと同じように楽譜や本だけではだめで、実際に弾く、打つという体験が大事なのである。

⑤人生の改訂版ができ上がる

フロイトは『転移とは何か？　それは分析によってもたらされる衝動や空想の改訂版であって治療

者という人間と過去に関係した人間とがその転移特有の形で置き換えられる』と言っているが、この治療者とのやり取りを巡って、過去の嫌な人物との嫌な体験が、良い人（治療者）との良い体験（治療面接体験）と混じり合うことによって、浄化され新しい現在を生きることになる。そして新しい現在から見た時、過去は新しい良い過去としてよみがえってくる。

⑥自己認識、自己の対象関係認識の深まり

患者は、治療者への転移感情とその分析を通じて、今までの両親体験、更には両親に対する正しい認識を得られ、それまでの歪んだ狭い両親像が修正され、両親に対する正しい、時には思いやりのこもった認識を獲得できる。これは心の安定につながる。

⑦自覚や洞察の獲得

転移感情の分析を通じて、自分の病状や問題点の背景・原因が理解できる。

⑧良性の退行とエネルギー回復

患者が安心して退行できる（転移感情の理解によって、退行は当然あっていいと認識され、良き退行ができる。それは自我がセルフに同一化することで、エネルギーの回復にもなる）。

⑨治療者の心の安定

転移の理解の共有は治療者の安心にもつながり、それはまた患者の安心を増やすといった良循環につながる。

⑩心の中核・コアに迫れる

総じて、治療とは、知的なやりとりというより、感情の交流である。そして、この転移感情を通じてのやりとりは、陽性関係によって深まり、患者・治療者双方の心のコアを扱うことになり、双方とも変容を遂げていくのである。人間は感情的つながりによって生きておれるのである。

以上、転移感情を通じて取り扱うことの意義を少し述べた。転移や感情は人生の宝庫である。

⑪治療同盟、共同作業の再確認

⑫感情のコントロールが可能になり、適応力が増す

いろんな転移感情を分析していく中で、基本は、心の探求と問題解決を目的とした共同作業であることを再確認できる。

2　転移に対する対応

(1) 強い転移感情（しがみつき、怒り、恐れ、過度の期待等）への対策

ただ、このような素晴らしい転移感情は、その素晴らしさ故に、時にというよりしばしば治療者を悩ませるように最初は働くことが多いものです。素晴らしいものや貴重なものは、最初は困難で厄介な姿をとって現れるものです（素晴らしい女神は最初は醜い老婆として現れるという童話はよくある）。それがしがみつきのような転移感情です。ここではそれに対する対応を少し述べてみます。

しがみつきとは、相手（治療者）に取りすがることであり、また相手に対する執着や転移感情が強いということです。では、これに対しては具体的にどうすればいいのでしょうか？　転移の取扱方は一様ではありませんが、ここでは、一つの例をあげます。

①患者は来院前から、すでに幻想……というか転移を持っていることが多い。治療者が有名なら当然だが、そうでなくても、『今度こそ治してくれるに違いない』『楽にしてくれるだろう』といった感情を抱きやすい。

②従って、初めの時は、何故、私という治療者を選んだのか、どういう理由で選んだのか、患者・家族に聞く必要がある。ここで、患者の幻想の一端が明らかになることがある。しかし、これを聞き出すのは必ずしも簡単ではない。幻想や転移感情を言語化するのは、結構大変な作業なのである。従って、治療者の探求の仕方がポイントとなる場合も多い。

③初回面接で、転移をどのくらい向けてきているかを観察していくと同時に、その患者が転移を起こしやすい人かどうかを見ていくことも大事である。今までの治療者とトラブルを起こしたり、いくつもの治療者を遍歴したり、前の治療者の悪口を言ったりする人は、要注意である。

④一通り、病歴・成育歴・治療歴を聞いた後、治療のルールや約束を提示する。転移を起こしやすい人には、単に提示するだけでなく、相手の感想を聞いておくことが大事である。もし『厳しすぎる』とか『守れない』と言った場合は、どの点が厳しく、どの点が約束遵守困難な点なのかを聞き、それについて詳しく話し合うことが必要である（治療契約や治療構造がしっかりしていないと、その違反について明確化できにくくなる。転移感情は、しばしばルール違反という行動化

として生じやすいので注意を向けておくこと)。

⑤転移感情は遅かれ早かれ、治療過程で出てくることが多い。まず、治療者の役目は、転移が出現してきているかどうかを疑ったり、察知したりすることである」

(2) 転移現象の観察

〈転移が出てきている、転移が強くなっていると疑われる例をいくつか挙げてくれませんか〉

「一々挙げだしたら切りがありませんが一応感じたことを提示します。特に注目する転移は、治療を目的としての信頼関係(しつこくはない軽い陽性転移感情)以外の、治療目標から逸れていくような転移現象です。その例は

- まず、『この患者の感情はどうも自然ではない、二人の関係は普通の治療関係からはずれているのではないか』といった感覚を感じるときである(この自然さ・不自然さの感覚を養うことが治療者としての能力を上げることになる)
- 治療者を誉める。誉め過ぎる。誉めることでもないのに不自然に誉める
- 治療者を理想化する、万能視する(『初めて、本当の治療者に出会った』『この先生なら私を治してくれるに違いない』など)
- 治療者のことを命綱だと言ったり、『先生がいるので、生きていられる』と言ったりする時
- 治療者に関心を持つ(特に個人的なことに)

・治療場面以外で会いたがる
・治療者のこと（経歴、家族等様々）についての話が多くなる
・電話、手紙が頻繁になる
・すねたり、甘えたり、ひがんだりする
・治療者の気持ち（真意）を探ろうとする（『先生は私を本当に助けてくれるのか』的発言）
・治療者を独占したくなる、治療者の家族に嫉妬する（『奥さん、幸せですね』）
・治療者をけなすようになる（冷たい、理屈っぽい、何も答えてくれない等）
・不信感、疑惑を向けてきているような時
・怒ったり、腹を立てているような時
・いらいらしている時
・希望が持てない、絶望していると言う時
・沈黙が多くなり、質問にも答えなくなる時
・治療者に対する不満を表明する時
・利用されている（研究材料等に）と言う時
・治療者と競争しようとしている時
・口論になる時
・あまりにも受け身的で、従順な時
・あまりにも愛想のよい時

- 治療（者）を恐れる時
- 行動化がある時、自傷行為、大量服薬、拒食、過食、セックス依存など
- 治療者が妄想の対象になっている時
- 自殺したいという時
- 家に帰りたくないという時、面接が終わっても席を立たない時
- 症状が頑固に続く時

といったことですが、実際は患者一人一人によって、あるいは患者によってもある場面場面で特有の転移がありすべてを網羅することは不可能です。ただ、前記のことは、治療者へのしがみつきや転移感情の現れ、または出現の芽という可能性を考えていいです。もちろん一方で、患者であれば、これらはごく自然な反応であるという感覚を持っておくことも大事です。

(3) 転移を疑った時の対応

患者の言動が自然な反応か、転移の萌芽なのか、転移の疑いなのか、明確な転移なのかを判定することは、難しいし、またこれらを区別する明確な基準はありません。

ただ、この際、大事なことは、これが転移と確定できるかどうかということを考えるよりも、この転移と疑われる現象が強くなっていくかどうか、この現象は患者の治療上の妨害になってないかどうか、治療関係を歪めないか、これを取り上げて話し合うことが有用かどうかといったことを考える方

が大事なことです。明確な転移かどうかは別にして、ある転移と目される現象を取り上げ、それで患者が洞察を獲得し、現実生活への適応力を回復したら、それは明らかに治療的に有用な作業です。

ただ、転移の可能性を感じたり、転移を疑った後の治療者の対応は結構難しいものです。決まった順序はないが、一応考えることは、転移の強さの程度、転移の表現が暗示的間接的な段階か直接的表現をとっているか、転移が抵抗になっていないかどうか、転移というより自然な当然の反応ではないのか、何故このような転移現象（正しくは転移と思われる現象）が今生じてきているのか、この転移の起源は何かということになるでしょう。これは転移を取り上げるかどうかを決める一つの準備的連想（治療者側の）といっていいかもしれません」

(4) 転移の取り上げ方

〈転移を取り上げるとして、それをどう取り扱ったらいいんですか〉

「転移の取扱方に一定のものはありませんが、一つの例を挙げてみます。

①まず、陽性転移が優勢な時はあまり取り上げない。陰性転移の場合も最初からいきなり介入するより、それが強くなってきた時に取り上げる。しかし、陽性転移があまりに強くなり過ぎ、危険だと感じた時は、それを話し合う（具体的には〈今、私（治療者）にどんなことを期待していますか〉と聞いたりすることから出発する）

②陰性転移もそれが治療上の重大な抵抗になっていたり、それを取り上げないと、自殺や行動化、

中断といった重大な事態が生ずると判断した時は取り上げる（具体的には〈何か私に不満はないですか？〉と尋ねてみる）

③また転移がかなり直接的表現をとっている時、取り上げると患者が気づきやすい。具体的には〈私のことを命綱だと言っておられますが、もう少し詳しく話してくれませんか〉といった問い方

④患者が転移を考えていける状態にあると判断される時は取り上げてもいいが、絶対にそれが必要と言う訳ではない

⑤陽性転移でも、あまりにもそれが過度である場合（理想化、万能視、性愛欲求等）、それを放置せず話し合う方が安全である

⑥転移性精神病（幻聴、妄想が出現する）の徴候がある時、やはり放置しない方がいい

これを取り上げ、話し合っていくうちに患者が、過度の期待や幻想、逆に恐怖や怒りなどを抱いていることを理解すれば、現実の治療者の姿・役割・能力を示し、そのことを理解してもらう。

その後で、そうした患者の転移感情すなわち治療者に関する思い込みや投影は自然であるが、現実からずれていって、治療を妨害する可能性があることを理解してもらう。

次にその転移（思い込み）をどう思っているか聞くが、そこで「こういうところが私の問題なんです」と言えば、その転移感情の背景を共に考えていく。更に転移感情と患者の防衛や性格との関係、続いて幼児期の両親との関係も検討されていくと思われる。

それと順序は逆になるかもしれないが、患者の抱く転移は人間的に意味があってそれが普通の人間

の証であることを話し合う（患者は転移感情の存在に気づいた時しばしば衝撃を感じる）
更にその転移の有しているプラスとマイナスについても話し合うことでもいいし、転移感情やしがみつきが、日常の生活で出ていないかどうかを考えさせることも大事である。
しがみつきや転移感情は、厄介だが、患者や患者の本質的なところや、その問題点の核心がわかる場合もあるので、むしろ治療のチャンスだと思っておくとよい。そして早くからその芽や現れに気付いておき、取り上げるタイミングをはかっておくことが大切である、ということです」

3　逆転移について

(1) 逆転移の概念

［治療者と逆転移（治療者の業の深さ）］

〈転移に続いては逆転移について教えていただきたいです〉

「逆転移を説明する前に理解しておいてほしいのは、治療者は一般の人に比べ欲が深いし傷つきやすいということです。だから、逆転移も激しいと思います。だいたい、自分のことですら大変なのに人を助けようとする、それも患者という名の『追い詰められ困窮している人達』を責任を持って援助しようとするわけですから、こんなに業の深い人間はいないんじゃないですか？　それと傷つきやすい敏感な人が多いのに、わざわざ傷つけたり傷つけられたりの修羅場に入っていく物好きな人達だということは、よっぽど欲深い人間かもしれません」

［逆転移に関する私見］

〈治療者になる人はどんな人か、ということに興味を惹かれましたが、逆転移とは何ですか〉

「これまでの抵抗と転移について述べたところで逆転移についてもかなり話したので、ある程度想像はつくと思いますが、以下に私流の逆転移感想を提示します。もちろん、これは一般の逆転移定義に関する私の逆転移感情が入っています。

①治療者の感情総体（患者に対する価値付け）

治療が二人の相互関係である以上、転移感情があれば逆転移感情もあって当然である。ところで逆転移感情とは何か？　この正確な定義は、後に譲るとして、筆者は、「患者に対する治療者が感じる感情総体」を指すと考えている。すなわち患者と関わっているときに（正確に言えば関わる前も、関わった後でも）感じる喜怒哀楽、好悪、気分、情動、情操、傷つき感情などで、そこでは主としてある状態や対象に対する主観的な価値付け（好き・嫌い、快い・不快、満足・不満足、安心感・恐れ、興味関心がある・退屈・うんざり感・無力感など）がなされている（今度の患者は感じが良いとか、興味をそそる事例だとか、逆に厄介だとか、相性が合わないとか、怖いといった感情である。だから陽性逆転移、陰性逆転移があって当然）

従って、逆転移は患者の心や全体をキャッチするアンテナのようなもので、このアンテナ感覚が優れていればいるほど、治療者は患者を正しく理解できるのだろう。

②逆転移は見立てや治療方針に影響を及ぼす

また感情は感情だけで独立している訳ではない。治療者の感じる感情は意識的にせよ無意識的にせよ、治療者の判断（診断や見立て等）、思考過程、また意志や決断、治療の見通し、引き受けるかどうかの判断等にも影響を与える。筆者は、精神科の診断が、精神科医によって違ってくるのは、この逆転移も影響しているのではと感じるときがある。また、患者への対応の場合でも『冷静になって考えれば（すなわち逆転移から自由であれば）もう少しましな対応ができたのに』と思うことはしばしばある。

③治療者機能になる可能性

難しいことだろうが、治療者が逆転移から解放され、それを自由に活用し正確な判断ができれば随分と患者の治療は進むのではないかと夢想することがある。正確な判断というのは、できるだけ患者のことだけを考えて、それも一人勝手な判断ではなく、客観的な判断ということである。

④逆転移感情の内容を知ることの重要性

今述べたように、我々は少しでも患者の役に立てるよう心がけているので、そのためにも、この逆転移感情から自由になる必要がある。逆転移から自由になるには逆転移感情をよく見つめ正確に観察する必要がある。更に、逆転移を正しく観察するには、逆転移感情についてよく知っておく必要がある（ゲーテは「知らないものは見ることができない」という名言を吐いた）。

⑤逆転移感情の内容と転移感情の内容とは似ている（治療者も患者も同じ）

逆転移感情の内容は、転移感情のそれと大差はない。転移感情が、患者の抱く尊敬・好感・期待・依存・理想化・性愛といった陽性転移と、恐れ・不安・不満・不信・怒りなどの陰性転移感情に分かれるように、治療者の逆転移感情も陽性と陰性に分かれ（大抵は両者が入り混じる）、その内容も患者の転移感情とほぼ同じである。もっと言うと、治療者と患者はとても似ている人種だと思われる。両者とも敏感でコンプレックスが強く、欲求や煩悩にとらわれやすく、また傷つきやすく弱い人間であり、また患者と同様（それ以上に）治療者は自分の逆転移感情を見つめるのを嫌がり、指摘されてもそれを受け付けないことが多い。筆者は、いつも患者の精神病理ばかりが問題にされ、治療者の精神病理があまり問題視されていなかったことを常に疑問に思っていた（もちろん真面目に治療者の精神病理や逆転移に取り組んでいる人達もいるが）。早く精神医学の教科書に治療者の病理や症状が記載される日が来ることを祈る。

⑥全ては逆転移から（逆転移は阿頼耶識）

更に付け加えると、フロイトの精神分析[11]やクレペリンの記述的精神医学など、あらゆる精神医学の潮流は、それぞれの逆転移の結集である。またフロイト以後の精神分析が何百という学派に分かれていくのもそれぞれが逆転移を持つからである。逆転移はもちろん治療の組み立てや技法にも影響を及ぼし、あらゆる治療的生産的要素を生み出していると同時に妨害的要因も生み出している。そして、転移や抵抗・逆転移、防衛、コンプレックス、精神分析技法なども逆転移感情の産物である。

またあらゆる考え・現象は、主体の逆転移感情に流れ込みそこでいろんな変容を遂げてまた客体や主体自身にも影響を与える。逆転移は阿頼耶識である。

⑦患者が治療者を離れて論じられないように、治療者も患者抜きには考えられない。だから母子関係と同じで両者を分離して考えることはできないのである。

⑧治療者の逆転移の源泉

これもあまり患者と変わらない。まず人間として持たされた欲動や煩悩がある。それに加えて乳幼児期から治療者に成り現在に至るまでの体験や歴史の総体がある。それには精神病や神経症に似た体験もあるだろう。だから治療者の逆転移が神経症的であることもある。それ故、治療者の感じる逆転移が、客観的現実に基づく逆転移か、主観的・神経症的逆転移なのかをわかっておく必要がある。

⑨責任性逆転移育成の重要性

治療者は患者に対する責任を持つ身ではあるので、そういった逆転移感情をなるべく認識し、治療や患者の役に立つように発言、行動せねばならない。この、『責任性逆転移』をしっかり育てることが治療者の務めである、といった感想です」

【逆転移の定義も不可能（ただし逆転移からの想像は豊かにすること）】

〈わかりました。結局逆転移が全ての心的現象を含むということは転移と同様、逆転移の定義は無理だということですね〉

「そういうことになりますが、自分なりの逆転移概念をたくさん持っている方がいいですよ。それに逆転移を出発点にしたアクティヴ・イマジネーションができるといいですね」

〈ということで、患者の転移分析よりまず治療者の逆転移感情の分析の方が大事ですね〉

「確かに、逆転移感情（アンテナ感覚）により、転移・抵抗、逆転移・逆抵抗、防衛、コンプレックスなどを知れるのですが、自らの逆転移感情に執着し過ぎるのも良くないので、治療者は自分の心だけでなく、患者に対しても、平等に注意を漂わせることが大事です」

(2) 逆転移（治療者感情）の現れ方

〈そうしたいですが、それで、逆転移の内容や現れ方は具体的にはどうなるんですか〉

「これは、転移と同様というか転移以上に多種多様であると思われます。おそらく治療者の心の中には同時的に様々な感情が湧くのでしょうが、思いつくままに列挙してみます。ただ、この治療者感情全てを逆転移と呼んでいいのかどうかはわかりません。ただ、逆転移の可能性はあると考えていいでしょう。

①治療開始時の不安

まず不安である。それはもちろん治療がうまくいくかどうかを巡ってであるが、より具体的には、患者を正しく理解できるか？　良好な関係を持てるか？　ちゃんと治療契約を結べるか？　治療中行動化は起きないか？　危険なことは起きないか？　不本意な中断がないか？　嫌われないか？　悪化しないか？　患者（家族）に責められたり非難されたりしないか？　まとわりつかれないか？　行動化が起きたとき自分はきちんと対処できるか、周りや管理医師達は守ってくれるか？　自分の精神状態が悪化しないか？ 自分が行動化を起こしてしまわないか？等の恐れであるが、これらは治療者なら誰でも感じる不安の一つであると同時に、不安のごく一部を示したに過ぎない。

②期待、願望

ただ、こうした不安の裏には期待がある。それは、治療がうまくいって欲しいということであるが、更に厚かましく、患者本人の精神力動がかなり理解され、本人もかなり自覚が得られ、随分と成長し、治療者に感謝する、といった願望が横たわっていることが多い。もっとも、これは治療の原動力にもなるのである程度はむしろ必要なものである。こうした願望は初心者に特に多いが、中堅の心理臨床家にもよく見られる。特に他の治療者がやっていた事例等では、密かに「私ならもっとうまくやれる」という欲求を持つものである。

③治療者の欲望（治療的野心）

この期待の更に裏には、治療的野心というか、治療者独特の欲望が秘められている。それは、かなり欲の深いもので根の深いものである。例えば、患者を、自己愛の満足（治療成功体験による）、研究の対象、自己満足の対象、親密欲求の対象、金銭の対象、練習台としての対象、発表や出版の対象というように様々な欲望の対象としてしまいやすいといったことである。場合によっては、患者を母親または父親、子供、恋人代わりに見立てたり、サド・マゾ欲求を満たす対象と考えてしまうこともある。

④治療中の逆転移（同情、愛着、期待、執着、退屈、困惑、後悔、怒り、恨み、無力感、自責、羨望）

治療が進んでくると、もっと逆転移感情は複雑になる。患者に同情したり愛着したり、患者のことが頭から離れなくなり、毎回の面接が楽しみになる。ひどくなると患者が面接に欠席したりすると電話を掛けたくなったり、またさして必要でないのに面接が続いて欲しい気持ちが大きくなり、治療を長引かせたりする。逆に退屈したり、早く終了すればいいと思ったりする。あるいは、うまく行っていると思った患者が徐々に依存感情を強く向け、困惑するかもしれない。それだけでとどまらず、患者にしがみつかれてくると、この患者を引き受けたことを後悔し始め、うんざり感がひどくなる。また、こんなに自分を苦しめる患者に怒りを感じてしまうし、このような患者を紹介してきた医師を恨みたくなる。患者の自殺を不安がる場合もある。

⑤自信喪失関連逆転移感情（無力感、孤立感、罪責感、自己嫌悪）

また、患者に振り回され、苦労していることを回りに理解されず、孤独感に苦しんだり、努力するたびに却って悪化する治療状況を見て無力感を感ずるかもしれない。更には、このように悪化させたのは自分であるという罪悪感、また逃げ出したいと思う気持ちを責める自責の念が強くなる。こんな時は治療者を止めたくなったりするし、もっと追い詰められると病的状態になったり、生きることすら止めたくなってしまうところまで追い込まれることもある。

⑥恐怖・困惑関連の逆転移感情（患者からの攻撃性に対して）

更に、患者の攻撃性や怒りを向けられ、恐怖のただ中に放り込まれるという逆転移感情もある。具体的に、暴言・器物損壊・暴力などからルール違反、また治療者を訴える（治療して却って悪化した、治療費を返して欲しい、慰謝料等で償ってほしい）などの行為を向けられるのではないかという恐怖、実際に向けられた時の困惑などである。
⑦恋愛性逆転移感情（患者に恋愛性逆転移感情を向ける）
反対に患者に愛着したり、恋愛感情、性愛を感じたりする。気づかないうちに面接時間や面接回数を多くしたり、面接室外で会ったり、個人的関係に移行してしまうことがある。
⑧妬み関連の逆転移
前述のような厄介な患者とは別に、患者が改善するにつれ、職業的にも成功し友人や異性との交流もでき出すことで、患者に羨み、妬み、羨望を感じたり、またそういう感じをもつ自分自身に嫌悪感を感じてしまう場合もある。

4　逆転移の取り扱いについて

(1)　逆転移利用の意義と困難さ

【逆転移の疑いとその利用】

〈聞いているだけでしんどくなりましたが、もっと具体的にどんな現れ方をするか。それと具体的にどう取り扱ったらいいのか知りたくなりました〉

「あなたの煩悩も相当のものですね。ではそれを少し考えてみましょう。ただ、具体例といってもこれが逆転移だと明確にするのは、私には困難です。私ができること、しようとすることは、まずはこれが逆転移かなと疑い、それを観察しながら、この場合は逆転移として取り扱った方がいいのではといった作業に過ぎません。だから、具体例というより逆転移の疑いの具体例です。

ただ、その前に逆転移分析の重要さと困難さについて述べておきます。

〔逆転移分析の意義・目的〕

今までの記述から、逆転移感情は当然であるが、大事なことは早くそれを見つけ、それに向き合うことであり、そして、その感情を分析しつつ、それに対する適切な行動を取り不適切な行動を避けていくことが、重要であるということがわかられたと思う。また、逆転移感情は転移感情と同じく知らないうちに自動的に起こり、途中で止めるのは難しいものである。それ故、治療者ができることは、できるだけ早めにそれに気づくことである。

〔逆転移分析の困難さ（その根深さ）〕

ただ、逆転移分析は簡単ではない。それは、患者の抵抗や転移が、長年の歴史の積み重なりであると同時に、治療者のそれも、一人の人間として相当の歴史を背負っているからである。

更に、治療者は患者より防衛（不快なことを避ける、それに向きあうことを回避する機制）が巧みであり、また相当追い詰められないと自分に向き合おうとしない人が多い。治療者は患者と同じく、敏感で傷付きやすく、自己愛や万能感が人一倍強く、コンプレックスも多いし大きい。しかし、日常生活は何とか行えているので、わざわざ自分の弱点など見たくないものである。

もっと質《たち》が悪いのは、自分の逆転移を分析したといいながら、肝心の点を隠しているような技法に長けている点である。ただ、逆転移を分析し尽くすことが大事だというよりは、逆転移感情をどう生かすかということなので、その点について述べてみる。

しかしながら、転移はもちろん逆転移感情も完全に分析することはできない。もし完全に分析しつくそうとしたら、治療者の人格が崩壊するだろう。

(2) 逆転移を疑う場合の具体例

それでいよいよ、逆転移を疑うやり方ですが、まず、治療者は、自分の感情や振る舞いの中に逆転移が出ていないか見ていく必要があります。どのような感情が逆転移なのかを正確に言うことは難しいですが、私は次のような感情、態度、体感、考え、振る舞いなどが治療者に生じたらまず逆転移を疑います。

・患者に興味・関心を感じる（⇕無関心、退屈を感じる）
・患者を好ましく感じる、愛着を感じる（⇕嫌悪感、拒絶感を感じる）
・患者に安心感を感じる（⇕恐怖感、不安感を感じる）
・ある患者の治療に際して『やりやすい』と感じる（⇕難しい、難事例と感じる）

・患者に同情する（⇕反発・怒りを感じる）
・患者の家族に同情し、患者に怒りを感じる（⇕本人に同情し家族に怒りを感じる）
・治療者が過緊張を感じる（⇕眠気）
・治療者が自分の身体に異変（筋緊張、動悸等）を感じる
・患者の面接来訪を心待ちにする（⇕「できれば来て欲しくない」と感じる）
・患者に異性を感じる、性的ファンタジーを浮かべる（⇕全く感じない）
・常に患者のことを考えている（⇕全く考えない）
・カウンセリングに自信がない（⇕自信満々である）
・治療の見通しがつかない（⇕安易に推移するという見通しを立てる）
・患者を安心させようと必死になる（⇕患者の不安に対して何もしない）
・患者に共感し過ぎる（⇕共感しようとしない。共感できない）
・患者の話に大げさに反応する（⇕全く無表情、無反応）
・患者の心情がとてもよく理解できると感じる（⇕全く理解できないと感じる）
・面接前の電話予約や面接開始の際に、治療者が自分を売り込み過ぎる（⇕全く不愛想で『治るかどうかわかりませんよ』と言う）
・患者と個人的な関係を持ちたくなったり、実際に持ってしまう（⇕全く無関係でいたいと思う）
・治療者が自分の個人的なことを面接でしゃべり過ぎる（⇕個人的なことに全く口を閉ざす）
・治療者が面接の中断を恐れる（⇕早く「手を切りたい」と思う）

・面接が中断した後、患者に電話をかけたりして、しつこく追いかける（⇕『必要があればまた来てください』といった必要なことを言わない）
・患者からの電話に長々と応じる
・患者の質問に何でも答える（⇕全く答えない）
・患者の話を聞く一方で治療者の意見を言わない（⇕治療者の意見を言い過ぎる）
・患者の話が支離滅裂なのに全く遮らない（⇕遮ってばかりいる）
・治療者が一つの治療法に固執する（⇕いろんな治療法を試み過ぎる）
・患者に対してイライラする（⇕ほっとする）
・患者の沈黙に対して何もしない（⇕少しの沈黙でも耐えられず何か言わせようとして、いろいろ質問する）
・患者のことをしゃべりたがる（⇕スーパーヴァイザーを含め誰にも一切話したくないし話さない）
・ある患者を事例検討会に出そうとする。事例発表したくなる
・ある患者を是非治したいと考える。患者の治療に熱心になり過ぎる
・前治療者に競争意識を感じる。または、前治療者に不満を感じる
・前治療者の悪口を喜んで聞く
・患者が料金を払うことが大丈夫なのか、経済状況を心配する
・今のカウンセリング料金では安いと思う（⇕多くもらい過ぎだと思う）
・患者からの悪口、怒り、攻撃を怖れる。殺されるのではと恐れる（⇕患者の自殺を心配する）

・患者に訴えられたり、危害を加えられる心配をする
・紹介して来た人を恨む（⇕大いに感謝する）
・どうしていいかわからなくなる
・患者に関する事柄、過去の面接内容をよく忘れる（⇕忘れようと思っても忘れられない）
〈聞いていて疲れました。抵抗や転移の疑いの時と同じように、何でもかんでも逆転移かと思い、やはり逆転移の洪水の中にいる感じがしました。それと、以上の反応は治療者なら、誰でもいつでも感じたりしているものなのではないかとも思いました〉

「そうなんですが、まずはこうしたことを踏まえて逆転移現象を疑うことが大事だということです」

(3)　逆転移分析の方法（逆転移感情を治療的要因にするために）

［逆転移の同定・明確化］
〈疑いを感じたらどうするんですか〉
「疑った後は、どういう逆転移があるか、どれが強いか、を考えます。そして、主に強力に働いている逆転移感情に目を向け、
①それが陽性の逆転移感情か、陰性の逆転移か？　両方混じっているか？
②陽性ならその内容は？（信頼、愛着、関心、満足感、欲求、性的ファンタジー等）、陰性ならその内容は？（嫌悪、退屈、拒絶、不安・恐怖、抑うつ感、不満・イライラ・怒り、困惑等）

③その逆転移感情の性質・内容、逆転移行動の内容を明確にしてみるということですが、これは、結構難しいことです。自分が逆転移を起こしているかどうか、起こしているとすればそれはどういう内容なのかについて自信が無ければ、仲間やスーパーヴァイザーに相談することが重要です。

［逆転移感情の背景、原因についての探求］

逆転移感情は、転移感情と同じ起源を持っています。それは、

①治療者の歴史と現在（幼児期の葛藤、成育史から対人関係の歴史、性格、態度、コンプレックス、治療者の能力、現在の状況等）、治療者の弱点（依存的、独断的、権威的、万能感、自信の無さ）

②患者の歴史と現在

③両者を取り巻く環境、構造、種々の人間関係等から成っていて、相当複雑である

④人間なら持たされる弱点・欠点、欲、煩悩

ということです。だから、逆転移の原因は、心の病の原因と同じく、それが、治療者、患者の間で共有され（双方とも納得し）、治療の役に立った場合は、その原因理解はそれで正しかった、となるでしょう。

しかし、自分の原因の背景をそのように正しく理解することは、逆転移感情の内容を同定することより更に難しいので、その場合でもまたスーパーヴァイザーへの相談が必要になってくるかもしれません。

【逆転移感情の経過予想、そのメリットとデメリットの予想（逆転移の分類例）】

それと同時にこの逆転移感情はそのままにしておくと将来どうなっていくかという読みと、この逆転移感情のメリットとデメリットは何かということを評価するのも大事なことです。

この予想や評価もかなり難しいことですが、たとえ仮説のようなことであっても、そうしないよりは、そうする方が逆転移を利用しやすいでしょう」

〈逆転移は本当に面白いし治療の中核ですね。もし逆転移現象を全部研究しつくしたら、何千何万の逆転移が出てくるんでしょうね〉

「まあ、数に対してはよくわかりませんが、毎日世界の至るところで心の病の治療が行われていますから、転移・逆転移といった感情は毎日産出されていると考えていいかもしれません。逆転移はあまりに多様な現象なので、その分類などは極めて難しいように思えますが、一応の人為的な分類をすると、結構、逆転移現象の理解が深まり、整理がつくように思えますので、それを挙げてみます。遠藤の論文[12]中[13]にGeddesら[14]は七タイプもの逆転移を挙げています。それは

①相補型逆転移（ラッカー[15]の言うもので患者の足りない点を補おうとする逆転移）

②同調的逆転移（やはりラッカー[15]の説で、患者の気持ちに共感する逆転移）

③間接的逆転移（治療者と患者との直接的関係ではなくて、治療者の上司、同僚、スーパーヴァイザーなどの第三者に自分を認められ評価されたい等という願望に基づいて患者を利用するときに起きてくる逆転移。（これにより、治療者は自分を取り巻く人間関係や自分自身の欲望を知ることができる）

④施設に対する逆転移（患者が治療者を評価するというより、治療施設・治療機関を理想化しているがために治療を継続しているような場合に、治療者が個人的には自分が無視されている等と感じて起こる逆転移（治療者は、これを見つめることで施設や機関に対する感情や更にそれを通して、施設や機関そのものの性質を摑める。この逆転移は、臨床心理士が精神科医と共に患者を受け持ったとき、患者が医師の方を理想化する時に起きてくる心理士の感情と似ているが、逆の場合もあるだろう）

⑤様式的逆転移（治療者独特の個性やスタイルから生み出される逆転移。主観的逆転移と似たようなもの。治療者のパーソナリティや対人関係の様式には、患者の特性にはあまり左右されず、ほぼ一貫した特性を持つという面がある。そこからは、当然治療者独自の患者観が出てくる訳であり、これをstylistic（様式的）な逆転移と呼ぶ。自分がどんな患者と相性がいいか悪いかを考えることで、自分の特性や弱点を知ることができる）

⑥生態的逆転移（治療者の日常生活の出来事が治療に影響を与えることをいう。忙しさ、人間関係や家族間の葛藤、経済的不安、体調の心配、親しい者の死などの対象喪失などは、治療者が明確に意識しているにもかかわらず、面接状況に影響を与え、予約のキャンセルや面接時間の短縮、共感の減退をもたらす。よくあるのは、多忙や睡眠不足が相まって、昼食後の面接に眠気をきたしたり、想像力が湧かないことである。治療者の有能さは、日常の健康管理を如何にきちんとしているかにもよっている）

⑦古典的逆転移（逆転移神経症。これがもともとの逆転移のことで、要するに治療者が患者に向け

る感情が治療者自身の神経症的傾向から発しているものである〉
こういうパターンも一部でしょうが、知らないよりは知っておく方がいいでしょう。いずれにせよ、自分がどういう主観的逆転移を抱き、客観的逆転移はどういうものになりそうかを予測し、それを治療に生かすことが大事です」

5　転移・逆転移感情に対するスーパーヴィジョン例

〈今までの話は理屈としてはわかったんですが、具体的にどう転移・逆転移が出て来てどう転移・逆転移が扱われたのか教えてください〉

「多分、それには、私がスーパーヴァイズした例をいくつか挙げるといいかと思います。ただ、非常に簡略化して要点を述べているだけに過ぎないことを断っておきますが、治療者が転移・逆転移に気付かなかった例が気付いた後どうなったかを述べました。これで少し転移・逆転移の具体例がわかるといいです」

(1) 事例5　一七歳、女子高校生（過剰な母転移、万能感幻想により治療者が振り回された例）

①病歴・治療歴

事例本人は、最初、不登校と家庭内暴力をきたし、困惑した家族がカウンセラーに相談に行った。カウンセラー（四〇代後半、女性）は、一生懸命に、カウンセリングに来たがらない本人に手紙を送ったり、電話したりして、関係を持とうとした。

その結果、本人はカウンセリングルームに来るようになり、治療面接が始まった。本人は今までのつらさや、学校や両親の不満を訴え、治療者は前と同様に一生懸命に受容・共感をこめて聞いた。そのうち、本人との間で、面接の回数の増加、喫茶店での面接、カウンセラーの自宅への電話などが生じてきた。また電話の内容も「絶望。死にたい」と苦しく怖い内容ばかりになってきたし、夜中と言わず時間をかまわないようになってきた。

次第に重荷になってきた治療者は、ついに「夜中の電話だけは止めてちょうだい」と言ったところ、本人は激怒し「見捨てられた。死んでやる」といって、実際に手首を深く切り、救急車で搬送される騒ぎになった。また、本人の家族にも「カウンセリングの最初こそよかったが、むしろ今はカウンセリングを受ける前より悪化してしまった」と恨みがましく言われたため、すっかり落ち込み、筆者にスーパーヴィジョンを依頼してきた。

②スーパーヴィジョンの内容

筆者は、まず治療者の苦労をねぎらった後、このセラピーというかカウンセリングを振り返ってもらった。その結果、過剰と思える依存感情、母転移の理解が共有された。同時に本人の自我が普段は神経症水準だか、時に万能感的支配欲求を治療者に向け、時にそれは現実認識を忘れてしまうような境界性パーソナリティ障害水準のものだとわかった。そして出会いの初期に本人や家族と治療契約を結び、治療構造をしっかりした物にしておくべきだったことに治療者は気づいていった。また面接回数の増加や面接室外での面接要求の理由とそれが本人の治療の為になるかどうかを話し合うべきだったことに気付いた。

③スーパーヴィジョンの後

その後、治療者は、これまでのことを家族・本人に謝罪し、治療契約の重要性を示し、もう一度そのうえで、カウンセリングを再開したいのならする、と本人自身の決断を重視した。

本人や家族は、自宅に電話をかけてはいけないということに抵抗を示したが、緊急のときの処置などについて話し合ったり、精神科医の応援を受けるということで承諾し、今度は治療構造をきっちりした上でカウンセリングが再開された。

しかし、再開後も、たびたび強い母転移やそれに伴う陰性転移感情・行動化（リストカットなど）を向けられ、うんざりするという逆転移感情を感じた治療者は、治療契約違反を厳しく指摘した。ただ、患者は、逆にそれに反発し、治療はまた行き詰まった。そこで、再びスーパーヴィジョンを受け、あまり限界設定や治療契約を厳しくしないこと、患者も必死になってこの治療契約に含まれるルール（自傷・他害行為の禁止）を守ろうとしているのだからその努力を認め「頑張っているけど、ついつい耐えられなくなってしまうんやね。まあ、今度は守れるといいね」というねぎらいの言葉をかけることなどを学び、そのように接した結果、患者の安心感が増し、陰性転移感情も減り、治療者の陰性逆転移感情も減少していった。

この後、治療面接は進展・行き詰まり・スーパーヴィジョン・カウンセラーの気づき・再進展という形で展開した。その中で治療者は次第に核心は自分自身の逆転移の分析や逆転移感情のコントロールであるということを理解し、少しずつ治療は安定に向かいだした。

その後、カウンセリングは、患者が大検を受け、大学入学を果たしたところで終わっているが、その後も不安になるたびにカウンセラーの元に相談に来ているようである。

④解説

「ここでのポイントは、治療者に『熱心に聞いていればこちらの愛情は通じる』という素朴な思い込みがあったが、病態水準の低い境界性パーソナリティ障害の万能感的母親転移を見逃していたことに気づいて治療構造・治療契約がつくれたことでしょう。治療者は『患者の話を熱心に聞いていればいつかは改善していく』という楽観的逆転移感情と『この患者を何とか治してやりたい』という治療野心的母性的な逆転移感情を抱いていたのだろうが、それが実際にはどういうことになるのかを吟味できていなかったのです」

(2) 事例6　二五歳、独身女性（患者の母転移と治療者の母性的逆転移の共鳴）

①病歴・治療歴

本人の父親は相当厳しくて子供の甘えを許さなかった人である。しかし、母は受容的な人で本人は母に甘えていた。しかし、父の厳しさから本人を守ってくれたわけではなく、本人は常に父を怖れていた。彼女は、順調に大学を卒業しそこそこの会社に就職できた。しかし、二年あまり経ったところで、不潔恐怖やパニック障害が生じ、心療内科にかかり投薬を受けたが、あまり改善せず、別のところでカウンセリングを受け始めた。母性的で暖かったカウンセラー（三〇代後半、女性）の支持的・受容的なかかわりの中で、会社や対人関係や家族関係の悩みを表現でき、症状は軽減し、精神症状も安定したかに見えたが、仕事の復帰となると急に不安が生じ手足の麻痺やしびれが出現した。

せっかく良くなったのに、また悪くなったことでがっかりした治療者は、患者に「大丈夫。私が付いているから」と安心感を与えようとし、また患者の求めに応じて、面接回数を増やしたりした。しかし患者の不安は少しましになったものの、身体症状が続き、患者は、次第に抑うつ的になってきた。また、カウンセラーに対しても「ちっとも楽にならない。先生は何もしてくれない」という陰性転移感情（治療者への反発感情）を向け始めた。これに狼狽した治療者は、どうしていいかわからなくなり、スーパーヴィジョンを求めてきた。

②スーパーヴィジョンの内容

スーパーヴィジョンのテーマは、患者の再悪化であったが、筆者は、スーパーヴァイジーに対し「不安を鎮めたり、面接回数を増やしたりすることもいいが、この人の不安に向き合いその不安の分析・探究をし、その不安に対してどうするのかを話し合うのも一つの手では」といったことを示唆した。

③スーパーヴィジョンの後の展開

治療者は、その後、本人の不安を手探りで共同探究した結果、「会社に戻ることの不安」「二年経って責任が重くなって来て後輩の指導もせねばならなくなり、その負担に耐えかねること」「もともと、自分は自立できていなくて、大人になりたくないこと」「もっともっと甘えたかったこと」「父は厳しく甘えられず、父に従うだけ。母も父には従属的で父のいない時そっと母に甘えるだけだった。そんなことで未だに父の恐怖から脱出できず、本当の意味で自立できなかった」といったことを述べ始めた。カウンセラーは、それに対して「よく、それだけ気づけた」と評価しながら、それだけいろいろ複雑な思いがあるならゆっくりしていったら、という姿勢でカウンセリングを進めていった。

そうすると、患者は落ち着いてきて、また家で初めて父に反抗的な態度を見せ、父の命令で朝、起こしに来る母に対して「うるさいわね。私が寝たいと思っているんだから私の言う通りにして」といった態度を取れたりし、それが認められ、その後母に不満をいろいろ言えるようになった。心配した母が、カウンセラーの元に相談に来たが、カウンセラーは「自立の現れですから心配しなくていいですよ」と説明したため、母は一応安心したようであったし、それを聞いた父も少し納得したようであった。

その後、自由になってきた患者は、ゆっくり将来のことを考え、自分のしたい仕事（語学系の仕事）につき、そこで男性とも付き合えるようになり、カウンセリングは終了した。終了時に患者が語ったところによれば、「私は父も怖れていたが父の言いなりになる母も怖れていて本当の安心感が得られていなかったので、会社の業務ができなかった時にパニック発作や不潔恐怖になったと思う。

先生も最初はよかったけど復職を強要されてしんどかった。でも最後は私の大変さを認めてくれてよかった」ということであった。

④解説

治療者は、この治療を振り返り、「この患者は、私に陽性的依存的母親転移（陽性転移とは治療者を好ましく思う感情）を向け、私も同じように陽性的受容的母親的逆転移感情を向け返したのだと思う。しかし、ある程度のところまで回復したら仕事復帰という現実的課題が出て来た。本人はこのとき治療者に『私はまだ無理、圧迫しないで』という被圧迫恐怖という陰性転移感情を向けて来たのだろう。治療者（私）はそれに気づかず、彼女の父親のように厳しく圧迫的復帰期待感情だけを向け、それが彼女の陰性父親的転移感情（被圧迫的恐怖感情）を強くしたのだと思う。不安を包み込んで暖かく接してあげると勝手に不安は消えると治療者は甘く考えていた。

治療者はそうした甘さに気付いて再び『無理して復帰しなくていいよ。復帰の不安を言える範囲で言ってごらん』といった受容的態度を取ったところ鎧がとれて、復帰の不安だけでなく父や母への感情を随分表現してくれ、治療者はかなり患者のことが理解できた。その結果、父や母に反抗でき、自由になることができ、家族の中で自立でき、ついで自分の意志で別の自分に合った会社に再就職できた。

本来は復帰に向けて、復帰不安転移とも言える陰性転移を理解すべきだったのにそうできなかったのは、治療者自身が母にあまり甘えることができなかったのでこの患者に同情し過ぎてしまい、不安を鎮めることばかりに目が行ってしまったからである。しかし真の有益な母親転移というのは育みながら相手（子供）の不安を十分に聞き、相手の波長に合わせて自立性を促進することだ」と述べていた。

このように、患者の陰性転移を治療者が見逃したのは、治療者が抱きやすい患者への『期待逆転移』であったと思われる。治療者はしばしば、患者の知能や精神力を高く見てしまう傾向がある。これは治療者が自分の願望をどうしても患者に向けてしまいやすいためなのだろう。また陽性転移や陰性転移は対になって動くので、常にこの二つに目を向けることが大事である。陽性転移だからといって喜んだり、陰性転移だからといって落ち込む必要はない。大事なのはそれらを通じての現実認識である。

(3) 事例7　一六歳、女子高校生（投影同一視傾向が強い例）

①病歴・治療歴

本人は成績優秀で名門進学校に入ったが、そこでは皆が優秀な為、負けまいと思った。しかし次第に息切れし、過呼吸・パニック発作を起こし、某精神科医の元に通院しだした。少しは落ち着いたものの今度は母親への暴言・暴力、リストカットなどが出現した。医師は境界例を疑い、とても自分の手に負えないということで某男性カウンセラーに紹介した。

そのカウンセラーは、医師からあまり説明を受けないまま彼女と出会ったが、患者が知的で美しく洞察力があるように思ったので、つい引き受けてしまった。その後、熱心に症状の背後にある現在の状況や生育史、家族状況などを語り、カウンセラーも「こんなに頑張ってきたのなら息切れして当然だよね」という形の理解を含む受容・共感的態度で接したところ、症状は急速に改善し、状態は良くなった。治療者は、「境界例と言われていたのに案外うまく行くな」という気持ちや「このまま、治ってくれれば」との思いが出始めた。

しかし、一〇回目頃より突然、患者が「先生は冷たい。私に無関心だし、私のことを重荷に思っている」と言いだした。治療者はびっくりして「そんなことはない。一体、どうしてそんなことを言うのか」と反発した。それに対して患者は、「最初の頃の熱心さがなくなってきている。途中であくびをしたり、眠そうにしたり、それに私の幼い頃のことや母とのこと等、あまり治療に関係ないことまで詳しく聞いている。どうせ、私は研究材料でしかないし、私のことをどこかで発表するんでしょ」といった内容のことを断片的にしかし怒りを込めて語った。治療者は、それを聞いて当たっているところもあって驚いてしまったが、言い返すことしかできず、一転してカウンセリングは、言い合いの場所になってしまった。そして、そういうことが続く中、またリストカット等が出だし、家族からも文句が出て、治療者はすっかり追い込まれ、スーパーヴィジョンを頼んできた。

②スーパーヴィジョンの内容

スーパーヴァイザーは、治療者の困惑に共感した後、あくまで仮説であるがと念押しをしたうえで次のことを指摘した。「最初の頃の改善はよくあることで転移性治癒に過ぎず、患者が文句・非難という形で自己主張しはじめることはよくある。これは患者が万能感や恋愛感情を転移して来る結果、彼女の理想の治療者像（常に自分に関心を向け私をすぐ楽にしてくれるといった）を向けるような

『超陽性的自分勝手恋愛性転移』を向けてくる。それは現実にあってすぐ色褪せ、今度は『超陰性価値下げ転移』が起きる。しかし、ここからが治療の正念場であって、陰性転移感情という治療抵抗が出てきたところから、初めて本格的な治療に入れる。ただ、転移性治癒までいけないカウンセラーも結構いるのでその点はいいのでは（分析流に言えば、底に眠っている無力感・不安感が『見捨てられ不安』として、治療者に投影され、その投影された治療者を自分と同一視するので、治療者のことをほうっておけなくなり、治療者を理想化してしかも支配しようとして文句を言ったということになる。理想化とそれにすぐ続く価値下げが生じていると言ってもいい。投影同一視の典型例だろう）」

「患者の指摘に対して当たっているところは認めると言った『波長合わせ』をした方がいい。眠気、あくびに関しては謝罪してもいい。その上で、本人の見捨てられ不安を取り上げ、その不安を持ちながら『今後カウンセラーに何を期待するか言えるかな』といった『ふわり質問』をして様子を見る方がいい」「研究材料という点では、全てのカウンセリングで言えることなので、患者も例外ではない、と断ったうえで、ただ発表する時は、こういう点で役に立ったという部分の発表になるし、もちろん匿名性は守るし、あなたの許可を得るつもりだ、と言っていいのではないか。要するに、セラピーは『正直正太郎』が核心なのだ」「このように謝罪と説明をしたうえで、でも、自分は患者の改善を願っている気持ちはあるので、全く無関心という訳ではない。だから、どうして、こんなズレが起きてきたのか不思議だということを話し合えればいいのでは」といった内容のことを述べた。

③その後の経過

その後、治療者は謝罪し、誠実に説明したため、患者も少しは落ち着いたが、簡単にはいかず、何度かリストカットなどの行動化が生じたが、徐々に状況・状態は落ち着き、「自分の本当にしたいことを見つけたい」「周りに振り回されないようになりたい」「自立したい」というような核心の問題に触れるようになった。

また、前の怒りに関しては、「あれは、結局自分の方のモヤモヤ、不安だったと思う。でも、先生が眠そうにしていたのも事実。最初、先生がそれを認めなかったので、腹が立ったけど、後で謝ってくれて、少し一息ついた。先生から『見捨てられた』と思ってしまったが、あれは本当は私自身が私を見捨てていたんだと思う。それを先生のせいにしてしまったのだと思う。これからは人のせいにせずがんばる」とのことであった。

ここでは、転移性治癒、投影性同一視、理想化と脱価値化、見捨てられ不安、波長合わせ、ふわり質問、正直正太郎が大事だったと思われる。治療者はここでは「何とか、治してやりたい」という逆転移感情を向け、それはそれで良かったのだか、このような思春期で境界例的傾向の強い人はいつか価値下げという反動がくるものである。治療者がこの反転現象を予想しなかった為、思わず自己防衛的な逆転移感情に振り回され、それで説き伏せようとしたので言い合いになったのである。

(4) 事例8　二八歳、独身男性（よくなった後の陰性転移の発現と波長合わせ）

①病歴・治療歴

患者は、長年のうつや強迫症状、対人恐怖などがあり、いわば「最後の砦」という形で、治療者のカウンセリングを受け始めた。いくつもの治療機関を転々としていて、過去にカウンセリングを何度も受けたり、薬物療法歴もある。治療者は、中堅の女性カウンセラーであったが、彼女は、患者の転移がカウンセリングの前から相当強いことを感じたため、周到に治療契約を結び、その上でカウンセリングに入った。

治療者は、母性的（受容的）であるだけでなく患者の問題点も取り上げていくという父性面（現実的で相互検討を深めるといった）の関わりを慎重に進めていった結果、気持ちの安定、外出の増加、症状の減少などの改善がみられていった。しかし、肝心の就労となると、ためらいがあるようで、なかなか仕事には踏み切れなかった。

ただ、一年半を経過した後、いい就労先が見つかり、いよいよ仕事に行こうとした矢先に、患者が「ちっとも良くなってない。このカウンセリングは一体どうなっているんだ？」と詰め寄ってきた。びっくりした治療者は、「何を言っているの。こんなに良くなったじゃないですか。仕事に行けるところまで来ているし」と思わず、言い返してしまった。

そうすると、患者は「まだまだ、強迫症状はあるし、対人恐怖も強いし、気力も全くない。これで良くなったとどうして言えるのか」と言い返してきた。ますます狼狽した治療者は、「それは、あなたが働きはじめるのを恐れている抵抗の現れよ」と言ったところ、患者はもっと怒りだし「何の根拠があってそういうのか。僕は働きたい気持ちでいっぱいなのに」と言い返してきた。これ以後、カウンセリングは、口論や言いあいの場所になったようで、ついに患者は「これまでのカウンセリングは、全く無駄だった。今までのカウンセリング料を全額返してほしい。本当は慰謝料も欲しいぐらいだ」

とまで言ってきた。すっかり困惑しまた怖くなってしまった治療者は、スーパーヴィジョンを求めてきた。

②スーパーヴィジョンの内容

スーパーヴァイザーは、治療者のこれまでの苦労を評価し、今の困惑について共感を示した後、次のようなことを述べた。

「治療者が逆転移にかられて言い返してしまうのは、無理ないところかもしれないが、やはり治療者の仕事はまず波長合わせだから『たしかに良くなってないところがあるかもしれないわね。ちょうどいい機会だから今までのカウンセリングを振り返ってみましょう』『それで、まずどの点が良くなっていないのか。良くなってない原因はどこにあるのか考えていきましょう』というぐらいは聞いてもよかったかもしれない」「治療者が、本人の良くなってないという訴えを治療抵抗と考えたのはおそらく正しいのだろう。しかし、患者は弱い立場にいるので『正しさは非常な圧迫になる』ということを心得ておくのはどうだろうか。正しいことを言う時期というのは結構難しいような気がする」「カウンセリング料金を返すかどうかについては、慎重にした方がいい。治療者側の経済的心理的痛手もあるかもしれないが、返すことによって今までのカウンセリングが無効であったことの印象を患者に与えるので、それに対しては『料金を返してほしいということだが、返した場合と返さない場合とを比較してみてどちらが治療の役に立つかを考えていくのはどうですか』と返してもいいかもしれない」「治療者を訴える権利は患者にある訳だから『訴えるのを止める訳にはいかないし、また裁判というのは真実を明らかにしていく過程だから、あなたのプラスになるかもしれないわね。ただ、すぐに裁判というより、日本臨床心理士会の倫理部門にまず訴える方が、裁判費用などはかからないしその方がいいようにも思う。それとここが大事。訴えた結果が、あなたの治療のプラスになるかどうか考えてみるのも一つと思うけど』というように返すのはどうだろうか」といった内容を話し合った。

③スーパーヴィジョンの後の治療経過

治療者はスーパーヴィジョンの内容を踏まえて患者と、今までの治療経過を振り返ったところ、「今は悪くなったかもしれないが、結構良くなった時期もあった」「それと、悪くなる時と働くことが話題になる時がどうも重なっているようだ」という理解を共有できた。

しかし、患者は「悪化が、働くことの恐れと関連している」ということは、頑として否定したので、治療者はそれ以上追及せずむしろ働くことの大変さを強調し、カウンセリングの目的は、より安らかに楽に生き易くなることといった点である、ということを述べた。

これで、患者は落ち着いたし、カウンセラーは、就労よりも生き易さを重視するようになった。そして、少しずつアルバイトにも行き始めたがあまり続かなかった。そして、最近では「障害年金をもらって、職業訓練を受けながら社会復帰していこう」と話し始めている。もちろん、料金を返せとか、訴えるという話は出ていない。

④解説

訴えや裁判を恐れる治療者は多いが、真実の明確化というプラス面をわかっておくと安心である。ただ、道に外れたことさえしていなければ、まず訴えることなどは現実にはない。大事なことは「訴える」という形で出てきた、本人の陰性転移感情の適切な取り扱いである。それと今まであまり働いてこなかった人が働きだすというのは大変なことなので、そこの大変さをよくわかってあげることと、目的は就労というより、気持ちの安定化であることにも気付いてよかった。

それと良くなってくると、つい欲が出てくるのであろう。この治療者は就労達成願望という逆転移感情を向け、それが本人にとって如何に大変なことかを見落としていたのだろう。

(5) 事例9　四〇代後半、独身男性（パーソナリティ障害治療における遠隔スーパーヴィジョン）

①病歴・治療歴

患者本人は頑張り屋で、目立ちたがりでクラス委員になったりして活発であったが、度が過ぎてトラブルもあったという。二〇歳ごろから不安やパニック障害が出現し、医療機関にかかったりしていた。しかし、なかなか治らず、医師ともめることが多かったという。ただ、症状はあまり改善しないものの、何とか大学を卒業して就労し仕事だけは続けていた。しかし最近、強烈な死の恐怖が襲ってきたり、脳や内臓が溶けるのではという心配が生じ、某総合病院の精神科を受診した。診察後、患者はすぐに心理室に紹介され、現治療者に審査カウンセリングを受けることになった。

カウンセリングを受け始めてから、すぐに不安症状は落ち着き、話題は今までの歴史や対人関係の問題（「いつも、人ともめてしまう。誰も自分のことをわかってくれない」）に話が移った。また話がどんどん飛んだり大きくなったりして「自分ぐらい才能のあるものはいない」とか「これまで、自分を馬鹿にした上司や医師に復讐してやりたい」ということまで言いだした。それで治療者は、カウンセリングをするに当たって、「自傷他害行為はしない」ということを含んだ治療契約を結び、正式に不安の軽減や生き易さを目標にして、カウンセリングをすることになった。

ただ定例のスーパーヴィジョンで、室長であるスーパーヴァイザーから「この患者は、境界例や人格障害の疑いがある。だから、ここでは引き受けない方がいい。あなたは今後この患者に対して無関心、不熱心になって何となく相手が来るのを止めるように持っていくべきだ。つまりそれとなくフェイド・アウトして相手が去っていくようにさせるといい」と言われ、すっかり困惑してしまった。そして、筆者にスーパーヴィジョンを求めてきた。

②スーパーヴィジョンの内容

スーパーヴィジョンの中で次のことが明らかになった。すなわち、そこの総合病院では、以前、境界例や人格障害の患者で相当苦しめられたことがあるらしく、そこの精神科医は「自分は境界例や人格障害は診ない」と言っており、暗に心理室の室長に対して、そうした患者を追い返すように圧力をかけていたとのことであった。そこで筆者は「その医師や室長の不安をまず理解してあげる必要があると思うがどうか」と聞いた上で「ただ、その患者に無関心に接すると、却って怒りだしてトラブルが生ずるように思うが、どうか」とまた質問した。

結局、患者の怒りや寂しさや、その裏にある誇大感・万能感を理解して受け入れてあげ、徐々に現実検討能力を引き出していくのが一番安全なやり方で、それが患者の役に立つし、ひいては室長や精神科医の不安や「境界例・人格障害アレルギー」を和らげることになるだろう、という理解を、筆者とスーパーヴァイジーは共有した。

最後に、こういう形で管理者や医師からの陰性逆転移感情が生ずることがあり、その対応も、治療者の仕事にならざるを得ない、そしてこういう形で、室長や精神科医も育っていくのだろうという結論になった。

③スーパーヴィジョンの後の経過

この後その治療者は室長に自分の意見を述べ、室長も精神科医を安心させると共に、その患者とのカウンセリングは続けた。最初に契約をきっちりしルール違反的なことに目を光らせていたせいか、心配なことは起きず無事終了した。カウンセラーである治療者の話では、パーソナリティ障害の傾向は少しで神経症圏内の患者であろう、ということだった。

④解説

このように、境界例回避傾向やパーソナリティ障害アレルギーの精神科医や医療機関は多い。またそれと連携して管理責任を背負う、カウンセリングセンターの長もそうなりやすい。難事例に挑むというより、厄介事は避けたいということである。この時、現場の最先端であるカウンセラーは上司の不安も理解しながら、無理をせずできる範囲内の治療の見通しを立てたうえで、上司・責任者の安心を取り付け、そして慎重にカウンセリングしていくこと、特にルール順守に目を光らせることが大事になるだろう。そして、こういった患者ではルールを守るということが即治療になることが多い。

それから、このようなケースでは、「表のスーパーヴァイザー」（責任者・管理者）と「裏のスーパーヴァイザー」（治療についての助言者）を使い分けるのも一つの手である。

このように難事例を引き受けないでおこうとする医療機関や治療者は多いが、境界例やパーソナリティ障害は順序を踏んで慎重に対応すれば治療可能であるということをもっといろんなところで知らせていく必要がある。

(6) 事例10　四五歳、独身女性（母の死後、うつに陥る）

①病歴・治療歴

患者は、四三歳まで母と共依存のような形で生きて来たが、その母が交通事故で死亡したために、深刻なうつ状態に陥った。それを見た友人がカウンセリングを勧め、ある男性カウンセラーが受け持つことになった。

カウンセリング開始直後から、その患者は、母の素晴らしさと「母がいないつらさ」を訴え続け、「母がいない以上、私に残された仕事は死ぬことだ」と言い続けた。実際には自殺しなかったが、自殺を仄めかすような発言があり、治療者は必死でその苦しさを受け止め、「あなたの苦悩を少しでも分けてください」といった対応を続けた。

すると、患者の治療者に対する陽性転移感情は強まり恋愛性転移感情と呼ばれるような事態になってきた。患者は、「一度でいいから抱いて欲しい」とか「ホテルで一晩二人きりで過ごしたい」と言うようになり、次第に治療者はこのカウンセリングを続けるのが苦しくなり、筆者のスーパーヴィジョンを求めてきた。

②スーパーヴィジョンの内容

治療者は筆者に、「この恋愛性転移をどう扱ったらいいのか」と聞いて来たが、筆者はむしろ、治療者の逆転移感情の方を取り扱った。すると治療者は、「実は、この患者からこのような感情を向けられると、自分自身が動揺してしまう。もし規を越えたら大変だ」という気持ちを告白した。筆者は、「それは人間として当然です」と理解を示したうえで、だから問題になるのは、むしろ治療者自身の「逆転移感情のコントロール」であろう、と述べた。それから、患者の自立可能性について検討したところ、「可能性は少ないが無いことはない。いずれにせよ、転移感情は患者のものだから、患者の波長に合わせておくのがよく、治療者の逆転移感情の統制に気を付けて、治療者自身がその間接化をしておけばいいのでは」ということになった。

③スーパーヴィジョンの後の経過

その後、治療者は、患者の転移感情を尊重し、治療者の行動化に気を付けながら、無理に転移の解消をしようとせずに、その転移感情の推移を見守ることにした。すると、患者は楽になったようで、無理な要求は影をひそめ、また患者自身は、異性の友人を見つけ、今は比較的安定した状態でいる。希死念慮は相変わらずだが、自殺行動は起こさないでいられているようである。

④解説

転移感情の分析とは、結局、逆転移感情の分析である。また、転移感情を無理に解消しなくてもいい場合もあるのである。

(7) 事例11　三五歳、既婚男性（薬転移について）

①病歴・治療歴

患者は、仕事の多忙さやストレスで、うつ状態やパニック障害を呈し、精神科医の投薬と休養の診断書で一時的に回復した。しかし、復職後もまだ不安・抑うつ感情が取れないので、カウンセリングを求めてきた。受け持った治療者（中年女性）は、本人の状況や性格特性を聞きながら、ゆとりを持って、仕事や人生に臨むような方向で、カウンセリングを進めたところ、かなり改善してきた。ただ、その後で、患者から「ところで、薬はいつまで、飲むべきなんでしょうか」と聞いてきた。治療者は、「私はカウンセラーなので薬のことはわかりません」と言うと、患者は不満そうに「でも、先生は専門家ですし、それに私の事情を一番知っているのは先生ですから、何とかお願いします」と言ってきた。困惑した治療者は、スーパーヴィジョンを求めてきた。

②スーパーヴィジョンの内容

筆者は治療者に、「患者は、面接者に転移を起こすだけでなく、薬をはじめ自分の健康にとって重大だと思えるものには何にでも転移感情を持ちやすい。だから、薬転移を起こしても不思議ではない」と述べた後、一応「『私は専門家ではないので確かなことは言えませんが』と前置きをしたうえで、薬に関して期待するもの、飲み続けて心配なこと、このことを精神科医に言えるかどうか、言ったらどうなりそうか、といったことについて話し合っておくのは大事なことのように思うがどうか？もちろん、薬に関して私は知りません、という態度で行くのが悪いとは言わないが……」と治療者に聞いてみた。

そうすると、治療者は、「私も聞いた方が良かったと思ったんですが、無責任なことを言っては、と心配して。でも聞くだけで、患者に考えさせる分にはいいですわね。やはり、患者の心配には可能な限り答えてあげた方がいいですわね」と答えた。

③スーパーヴィジョンの後の経過

治療者は、以上のようなことを踏まえて、患者と話し合った結果、「一度、今の精神科医に聞いてみます」と言った。しかし、患者が聞いたところ、その精神科医は「はっきりしたことは言えません。自然に減っていきます」としか言わなかった。

ただ、治療者は、患者にそれを聞いたことの勇気を評価すると共に「セカンドオピニオンを求めるか？」と聞き、患者がそれを受けることになった。

患者が、カウンセラーに紹介された精神科医のところへ行き、事情を話すと「薬は必要がなくなったら減らしていいし、最終的にやめていいです。必要がなくなった時というのは『不安・抑うつ感・症状などが減ると共に、それらを受け止めていけるようになった時』です。ただ、そういうときが来ても直ちに全部止めるより、少しずつ減らしていく方が安全でしょう」ということで、随分安心したようであった。そして、今の主治医に「そういう方針で行っていいかどうか」と聞くと、それでよい、とのことなので、元の主治医と共に減薬に入るようになったようである。患者にとっては近くの医者の方が便利なので、二番目の精神科医の元には、また困ったら行くつもりとのことであった。

④解説

患者は、治療者という人間だけでなく、薬という物質にも大いに関心を持っている。しかし、詳しく聞こうとしても時間がなかったり簡単な説明しかしない精神科医も多く、その不満がカウンセラーに向けられることが多い。本来は精神科医に聞くべき質問を言いやすい慣れているカウンセラーに聞いて来るのである。この場合薬に対する知識はなくても、患者の不安を聞きだし患者がどういう行動をとればいいのか共に考えることはできるはずである。そして日常臨床では、この薬転移が、治療上、相当重要である。

〈こんなにうまく行くんですか〉

「実際はもっと複雑でわかりにくいものが多いんですが、ここでは簡単にいった例を引き出してきて更に簡略化したので、そう見えるのでしょう」

【本当は逆転移の方が大事？】

〈ただここまで抵抗や転移のことを勉強させてもらいましたが、やはり一番大事なのは相手（患者）の理解、自分自身（治療者）の心の理解、そして二人の間に何が起きているのかを理解・判断することと、そしてそうした様々な現実的心的現象の中で、何が核心的で最重要で、また何が治療を動かし妨げているのかを正確に理解し表現できることかなと思いました〉

「全くその通りですが、それらの理解の根源は、治療者の思いから来ます。患者の気持ちや、患者と治療者の間の関係性は、治療者の判断・感情のフィルターを通して明らかになるものです。元々の病歴や面接記録も治療者が取るものです。ましてや治療者の心は治療者自身に問うよりしょうがありません」

〈そこで、逆転移が重要になるのですね〉

「そういうことです。ラカンが『一番根本的な事は治療者の逆抵抗（逆転移）の分析である』といった意味のことを言っているように、治療者が何を観察し何を感じどう想像力や知性を働かしどのように判断・行動するかでいろんなことが決まるのです。これは抵抗かどうか、この転移は陽性か陰性か、治療はうまくいっているのか停滞しているのか、そういったことは全て逆転移という治療者の精神機能が決めているのです。もちろん、この逆転移という心の現象はまたあらゆるものの影響を受ける訳ですが」

(8) 事例12　三〇歳、既婚女性（安心させようと焦り過ぎた逆転移の例）

治療者（カウンセラー）は、何人もの精神科医にかかりながら、薬物療法だけの治療でなかなか、改善しないパニック障害の三〇歳主婦のカウンセリングを引き受けた。治療者は、最初、病歴や成育史を聞いていき、夫との葛藤が問題点だと考えた。患者は、話を詳しく聞いてもらったことで最初はほっとしていたが、相変わらず身体的不安や死の不安を訴えることが多かった。

治療者はそれに対して「医学的には問題ないこと」「身体的不安は夫との問題が片づけば治っていく」「心配しないように」と必死に安心させようとしたが、患者は「先生も今までの精神科医と同じでの不安症状を何ともしてくれないんですね」と失望した形で面接を終えた。

治療者は、自分の対応に問題があるのでは、ということでスーパーヴィジョンを受けると、そこで①もっと不安の中身を詳しく聞いていくこと、②彼女にとっては、夫との問題より、目の前の不安が重大であることを指摘された。

そこで、不安症状に焦点を当てていくと、死の不安や心臓の不安もあるが、自分の気が狂うのではという不安も強いことがわかった。それから他の人より不安が強いのは、結局自分というものを持てず、絶えず自分に自信がないと感じていたことがわかり、夫との問題は、そういう自己不全感の一つの現れだということがわかった。

治療者は「自分が早く治療を進めたかった」という焦りや「詳しく話を聞いてもらって患者が喜んでいるように思えた」という思い込み（実は、自分に自信がない患者は人に合わせていただけである）に気付き、自分の急ぎ過ぎや楽天的に考える点（不安を含めいやなものを避けるといった点）がそうした逆転移感情の原因だと考えられた。同時に患者が治療者に合わせ過ぎたのも、そうした逆転移を助長したと反省した。

思い込み逆転移はよくあるので、気を付けること。

(9) 事例13　電話予約の際の売り込み過ぎ（相手の不安を取り上げなかった例）

あるカウンセラーは総合病院でかなりの実績を挙げたため、開業しようと決心した。ただ、開業してから、少しの患者は着いてきたが、多くの患者さんは病院にいるカウンセラーの方が安心（治療構造転移）ということで、少ない患者から行かざるを得ない、という状況で開業がはじまり、そのカウンセラーは、ひたすら新規の電話が鳴るのを待っていた。

そうすると待望の電話がかかってきたので、出ると相手は三〇代くらいの女性で「カウンセリングを受けるほどかどうかわからないんですが、何か性格に問題があるようで対人関係でもトラブルが多いんです」とのことであった。カウンセラーはしめたと思い「ここのカウンセリングは、そういう性格や対人関係を専門にしています。是非おいでください」と述べた。ただ相手は「そういうところへすぐ行くのが不安なんです」と返した。

それに対してカウンセラーは「最初はそのように心配されますが、実際にやってみるといろんなことに気付き驚くほど対人関係がうまくいくんですが」と言うと、相手は「気付くだけでそうなるんですか。私には問題点は十分わかっているんですが」と返してきた。

カウンセラーは、次の患者の面接時間も迫っているので、電話で一応今週の土曜日の午後に予約をとったが、相手の患者は来なかった。ショックを受けたカウンセラーは、私にこの顚末を話した後、助言を求めて来た。私はやはり彼女のカウンセリングに対する不安を丁寧に聞き、もう少しその不安の理解に努めるべきだったこと、更に問題点をわかっているが対人関係がうまく行かない理由についてももう少し詳しく聞くべきだったと話した。開業したてというのはどうしても客が欲しいので宣伝して呼び込もうとするが、彼女は不安を聞いて理解して欲しいことが先決だから、その方がいい印象を与えられるのではないかとも話した。

カウンセラーは既にこのことに気が付いていたので、集客に執着し過ぎないで、カウンセリングを受けるにあたっての不安を初回に聞くようにしたところ、予約の患者が徐々に増えていったとのことである。誇大宣伝は、時として相手に不安を与えるものである。この例は集客逆転移と呼んでいいだろう。

⑽ 事例14　二一歳、男性（初回面接の時に治療抵抗を聞くのを忘れてしまった例）

ある総合病院精神科に勤める若手精神科医のところへ、幻聴・妄想を訴える統合失調症の患者が両親に連れられてやってきた。患者は、はっきりと自分の悪口が聞こえる、外部から何か怖いことをされそうだ、ということであった。精神科医は「今はとにかく疲れているので疲れを和らげる薬を飲んで休んでそれからゆっくり治療しましょう」と言った。これに対し、患者は何も言わず、ただ一言「僕、こんなところへ通わなければならないんでしょうか」と述べただけだった。

ただ、一週間後の予約日に、本人は欠席し母だけが受診した。母が言うには「あれから家に帰ると急に不機嫌になり自室にこもったきり出てこないんです」とのことであった。また、病院行きを勧めても、「絶対にあんなところへは行かない」ときつい口調で言っていた。

これを聞いた精神科医はすごく落胆して私のもとに相談に来た。主に初回の対応を話し合った後、次のことを共有した。それは「本人の治療抵抗をもう少し聞くべきだった」「特に最後に、ここへ通わないとだめなのかという問いに対して、通いたくないんですかとか通うかどうか迷っているんですか、と聞いた方が良かった」「それが聞けなかったのは、自分は病気かどうか、病気としたら何の病名かと聞かれるのが怖かった」とのことあった。

その恐怖の根源について話し合うと「以前、統合失調症とうっかり告げてそれから落ち込み自殺を図った患者がいたし、昔でいう精神分裂病だから怖くて告げられなかった」とのことであった。

私は、この精神科医の「統合失調症恐怖」について話し合い、「統合失調症の予後は不良と決まった訳ではない」「ただ、病気、病名を告げる時にはそれを十分話し合え正しい理解ができるぐらいの精神状態になってからの方がいい」「患者にとって必要なのは、この精神科が援助機関であって、判定・鑑定機関ではないということ」「そして、患者の今の苦しみ、不安をどう言葉にしてあげてどうして欲しいか考えることだ」という点を共有した。

その後、その精神科医のもとへは母だけが来て前述のようなことを念頭に母と接したところ、母の恐怖も和らぎ、母が本人の不安や苦悩を考えながら、本人にそっと接したところ、再びその精神科医のもとへ通うようになった。そして本人の苦しみに焦点を当てたところ「この悪口の声が苦しい。何とかしてほしい」というので、いろいろ手段を考えたところ、「誰かが言っているのかも知れないが証拠のないことなので警察に訴えても相手にされないし、まずはこの声が小さくなり振り回されないようになること、何より熟睡したい」という話になった。

それで過敏な神経の興奮を鎮めて声を小さくし、また冷静さを増して声に振り回されないようにする、そして熟睡を助けるという三つの効果を兼ね備えた薬ジプレキサを出すと言った。

本人が「それでは僕は病気ですか。病名は何ですか」と聞いてきたので「過度の敏感さ、声に振り回されていること、不眠は困ったことだし、それを保険や薬を使って援助しようとする限りその点に関しては病気と言わざるをえない」と言うと「それでは病名は？」と聞いてきたので、病名を聞きたい理由を聞くと、統合失調症恐怖、精神病恐怖が出てきたので、それを是正することを試みた結果、少し安心し、治療関係は続き、まもなく幻聴、妄想は消退し、一年後には服薬も必要ではなくなった。今は大学も卒業し就職して結婚もし、治療に関しては不安になった時、時々薬をもらいに来るだけですんでいる。この例は、本人の精神病恐怖転移に連動して、治療者の精神病・統合失調症恐怖逆転移が出現した例である。

⑾ 事例15　陰性感情を出させないといけないと考え過ぎた若手精神分析医

本人は、うつ状態を伴う境界性パーソナリティ障害で、三〇歳の女性であった。二五歳の時の失恋をきっかけに荒れだし、両親への暴言・暴力・器物損壊、大量服薬や自殺未遂、抑うつ、パニック、不眠などで、ある病院へ通っていたが、精神分析治療が必要ということで、別のクリニックの精神分析医のもとへ紹介された。

その精神分析医は、受容・共感をベースに、本人の言いたいことを巧みに言語化し、本人は両親との葛藤、怒りと依存の苦しい状況についても言え、本人の他者に対する不信感や引きこもりも減り、対人関係もそれなりにできて自信も回復してきたようだった。

分析医に対する転移も、不満や見捨てられ不安といった陰性感情を訴えながらも、信頼に基づいた陽性転移が主なようだった。治療だけでなく研究熱心なこの若手分析医は、この事例を学会で発表したいと考え先輩に言うと、その先輩に『これは見かけだけの転移性治癒だ。良い子を演じているに過ぎない。本物の陰性感情が出ていないし、また自立もできていないのでまだまだだ』と言われてしまった。

若手分析医はショックを受けたが、考えてみればその通りだなと思った。それで転移性治癒を引き起こしている受容共感的態度を少しずつ減らし、質問検討型の面接になった。患者本人は徐々に不満顔になっていったが分析医は治療の進展だと思っていた。そしてあるセッションで「そんなに両親が嫌なら、何故家を出て行って一人暮らししないのかな？」と聞いてしまった。果たして、患者の怒りはすさまじく「私が一人暮らしを怖がっているしできないことは前に何度も言ったじゃないですか、こんなにわかってくれない先生と思わなかった」と涙ながらに自分の憤懣をぶつけてきた。分析医は期待していた陰性感情が出てきたにもかかわらず、彼女の怒りのすさまじさに圧倒されて弁明するだけに追われた。しかし、彼女の憤激は収まらず面接時間が終わってもまだ泣き続けた。分析医はたまりかねて退出を促すと「そんなに私を放り出したいんですか」「いいです。この後死んでやるから」と言ってクリニックを飛び出していった。分析医は狼狽して、警察に相談すると、河原を歩いていた彼女が保護され、一応家に帰ることができたとのことでほっとした。

しかし、あんなに陰性感情を出させようとしたのにいざ陰性転移が出てくるとすっかり狼狽してしまった自分が情けなくなり、私にスーパーヴィジョンを求めて来た。

彼と私が話し合った結果「学会発表という治療者欲求に捉われていて、しかもそれに十分気付いていなかった」「陰性転移はもちろん、感情は自然に湧いてくるもので、こちらで操作できるものではない」「患者は明らかに分析医の態度変化に不自然さを感じたに違いない」「真の精神分析療法はもっと自由なもので教条主義的になるとぎこちなくなる」「確かに陰性転移感情は、心の奥の深いところがわかるし、自己主張・拒絶能力といった主体性醸成につながるので大事だが、それなしでも治療が進む場合もあるので、出て来ても出て来なくても、どちらになっても適切な対処を忘れないことが大事」ということを共有した。

その後、ほどなくしてまた面接を開始した患者に対し、分析医は素直に謝り、それこそ、フロイトの自然な平等に漂う注意をもって接したところ、一応治療関係は表面上安定した。しかし本人の「家にいるのはつらい」「しかし一人で暮らすのは怖すぎて大変」「一人で暮らす能力のない自分を見つめるのはもっとつらい」ということは根深く、これを十分に話し合いの上に乗せられないでいる。しかし、分析医は気長に取り組もうと思っているようである。

【解説】

これは明らかに、（精神分析の）教条主義的逆転移と野心的逆転移であろう。この分析医は真面目であるが故に理論に忠実にあろうとした。しかし大事なことは、教えや理論に忠実になるより、自分の心に忠実であるべきだ、ということである。精神分析はもとより、精神科治療や精神療法はまだまだ若い学問で、これからも皆の自由な創造でそれを深める必要があるのである。

〈事例を挙げてもらうとよくわかりました。でも、こういう風にいつもうまく行くんですか〉

「とんでもありません。今まで挙げた事例はうまく行った例、あるいは良き治療活動が行われた例をピックアップしただけです。現実の臨床はもっと大変でとても一筋縄では行きません」

［第2章、第3章の要約］

〈最後に抵抗、転移・逆転移についてまとめてもらえませんか〉

・抵抗・転移・逆転移現象は、患者だけのものでなく、家族、治療者、関係者、に広く見られるし、また関係や構造上の抵抗もある。

・抵抗（逆抵抗）や転移（逆転移）は妨害要因でもあるが、重大な治療要因でもある。ただし、治療要因にするには、慎重な取扱いが必要である。

・抵抗（転移）と逆抵抗（逆転移）は、表裏一体の関係である。抵抗（転移）の正体を摑むには、治療者は自身の心を見る必要がある。つまり転移・抵抗の分析とは、逆転移（逆抵抗）の分析である。従って、治療とは、治療者が自分の心を見つめていくことである。

・抵抗（転移）は、それを除くというより、それを見つめ、時に大事に育て、それが治療上、有益になるよう育てるといったことが大切である。

・構造上・社会上の抵抗はすぐにはどうにもならないことが多い（ヒットラーの精神分析迫害の例）。しかし、あきらめずに、じっくりと自分のできることを探すことが大事である。

第4章

防衛・防衛機制について

1　防衛とは？

(1) 防衛の定義

[防衛とは不快を避ける方法]

〈抵抗・転移・逆転移が生じて来ているのは、一言で言うとどういうことになるんでしょうか〉

「抵抗、転移・逆転移は、ある意味で困難な場面から自分を守る一つの態勢です。そしてそれの背後にあるのが防衛機制というものです。また、治療はある程度益をもたらしますが治療課題という困難な問題も生じます。従ってそれに対する防衛も生じるのです。

防衛という言葉はフロイトが言いだしたことですが、もともと人間がもっている不快回避・安全追及・安定維持機能です。これは人間が生存するのになくてはならない重要な機能です。

ただ、防衛は『一時凌ぎ的に』楽になっても、それを続けすぎるとマイナスになる場合があるので、フロイトは防衛機制を心の病の原因と考えたようです。しかし、それは、防衛が過剰になったり、防衛に失敗したり、防衛をうまく使えなかった場合、または古い防衛に固執し過ぎることで起こることで、防衛そのものは生活に不可欠なのです。そして防衛を上手に使いこなせるかどうかで、人生を幸せに送れるかどうかが決まってくるとも言えます。ただ、防衛に失敗すると病気になりやすいのは体の場合も同じです。だから防衛について考えることは治療上大変重要なことです」

〈では、その防衛はどうやって働くのですか〉

「それはいつも働いている、あるいは働く準備をしているといっていいでしょう。防衛は、人間が常に感じさせられている不快な感情（不安、恐怖、恥、緊張、不満、うつ、いらいら、怒りなど）をなるべく感じさせないようにして、心を安らかに保っていきたいとする、人間が自然に持っている機能だと思います。これは何度も言っているように『困難や苦悩を受け止める営み』の一つでもあります。また、防衛機制の方は、防衛が具体的に用いられる時の作用形態（抑圧、退行、反動形成など）を言います」

〈要するに不快や困難に対する人間の反応、人間の癖みたいなものですか？　それは意識的でもあり無意識的にも起きている一種の危機回避反応のようなものでしょうか〉

「それは人間が生きる上での『自動反応』でもあるし、一人一人で反応態度が違っているということもあり『人間の癖』といってもいいでしょう」


［治療の眼目は、不適切な防衛機制や癖の是正］

〈ところで、防衛はどう取り扱えばいいのでしょうか〉

「防衛はプラスにもマイナスにも働きます。だから大事なのは、共同で病気の中心になっている、または治療を阻害する要因にもなっている防衛というかその患者の癖に気付いてもらい、防衛を正しく自分のプラスに使うのはどうしたらいいかを考えることでしょう。

例えば一五歳ほどの少女が性に関して抑圧して男性から身を守っているのは正しいですが（時代と共にそうとは言えない場合もある）、一六～一八歳ぐらいになれば、そろそろ性の抑圧を解いて男性との適切な関係を模索することがいいかもしれません。しかし、カトリックのシスターのように一生性を禁圧して過ごすやり方もあります。要は自分がどういう防衛をどのように使っているかを自覚しそれを自分の納得するように使えればいいのです。

それから言えば、結局治療の目的は防衛というか自分の癖によく気づきそれを生きるためにより良く利用していくということでしょう。患者の気付きと生かすことが要点です」

〈間違った防衛機制・癖から正しい防衛機制・癖に変化させることが治療の眼目ですね〉

「少なくとも私にはそう考えられます。それに付け加えると、抵抗も転移も防衛も日常茶飯事の現象で、それが過剰になったり過少になったりする、あるいは不適切に機能して誰かが困り、専門家に助けを求めることから治療が始まるんだと思います。治療の起源はいつかは知りませんが、少なくとも抵抗、転移、防衛といった保護作用は生物一般、ＤＮＡレベルで起きている太古的な基本的反応だと思われます」

【防衛は自動反応】

〈そうなると防衛ってごく自然な反応ですね〉

「そうだから、周囲や自分の内的状態に対してすぐ反応する自動反応のようなものです。この自動反応はうまく働いている時の方が多いのですが、間違った働き方をして過剰に引きこもりすぎたり、逆に派手に動きすぎたり、また間違った方向に行ったりするときもあるんです。そこで人間は己と自己の防衛を振り返り、まずい防衛をしていることに気づき、それをどうするか考えるんです。だから、治療とは抵抗、転移・逆転移と同時に防衛（自動反応）の気づきです」

(2) 防衛機制の種類

【一般的な防衛】

〈ところでどんな防衛機制があるんですか〉

「これこそ考えだしたら無限に多くなりますし、後で一つ一つ事例を挙げながら検討します。とりあえず一般的な防衛としては、抑圧（苦痛・不快・恥ずかしい体験・欲動を無意識内に封じ込めること、臭いものに蓋をする）、投影、同一視、取入れ（摂取）、合理化、反動形成、分離（隔離）、退行、昇華、打消し、置き換え、補償、自己への向き替え（自虐）、知性化・観念化、身体化、行動化、などですが、全部抑圧と関係すると思います。後の防衛機制は抑圧からの派生です」

〈この中で昇華だけが健康的な防衛といわれていますが〉

「昇華は、反社会的な欲求や感情を社会に文化的に還元できるような価値ある行動へと置き換えることで、これだけが唯一健康な防衛のようにされていますが、他の防衛もそれなりの有効性を持っています。大事なのは防衛機制を学んで、自己や他者の為に有益に使うことです。

従って昇華に固執しすぎて、性を抑圧しすぎ、病気になった例もあります。だから真の昇華とは、生産的なことを目指しながら、性も適当に楽しめることだと言えるかもしれません」

［原始的防衛機制］

「今挙げた一般的防衛機制に対して、より重症で精神病的な防衛機制として、分裂（splitting）、原始的投影、重度の投影同一視、退行、原始的理想化、脱価値化、躁的防衛、現実否認といった機制があります」

2 防衛に対してどうするか

(1) 基本的取り扱い（防衛解釈、共同解釈について）

［防衛機制の観察］

〈それで防衛に対して治療者はどう対処すべきなのでしょうか〉

「抵抗や転移と同じように、患者の中でどういう防衛が強く働いているか、どんな防衛が患者本人にとって有害か、または治療に反するのかということを見究めていきます」

〈防衛を転移や抵抗と区別するんですか〉

「私はあまり意識していませんが、自然とこの防衛が強すぎて有害な抵抗になり不自由しているのではというような感じを抱く時が多いので、無理に区別はしないけれど、全く同一とは考えていないということです」

【防衛の取り上げ方（防衛分析や防衛解釈の方法）】

〈抵抗や転移の時にやったように防衛を取り上げ話し合うことも大事ですか〉

「もちろん重要な作業です」

〈精神分析でいう解釈のようなものですか〉

「そう考えていいです。もっとも私は解釈というより、（患者の言動に対する）治療者の連想を巡っての『話し合い』という言葉を使う方が多いですが」

〈どんな場合にどういう介入や話し合いや解釈を行うのですか〉

「これは薬の投与と同じように決定的なマニュアルはありません。もちろん薬がピタッと合って患者が苦痛から解放されるように、話し合いや解釈が命中して患者の重荷が減ることはあるでしょう。しかし、大抵は試行錯誤によります。

つまり、いろんな観点から無理しない程度に患者と話し合い、患者の言動の潜在的意味を取り出し、防衛や葛藤の様相を明らかにし、無意識内にある様々な欲動や不安と言った感情を探求するということを、成功したり失敗したりしながら進むのです。

だから、残念ながら、話し合いや解釈投与の基準、表現法（どのように伝えるか）、機会（どの時期に)、深度(どのくらいの深さの内容がいいか)、順序がわかればいいのでしょうが、これに関しては残念ながらガイドラインはないのでしょう。

しかし、なるべく患者が冷静な時(人の話を聞ける時)に、患者のわかる言葉で、なるべく患者を傷つけることなく、いきなり深部からいくより表層から、患者の関心が持てそうな、患者が気付くと有益になりそうな話し合いから入っていくのがいいのでしょう」

〈やっぱり介入・解釈のやり方は、マニュアルがなさそうで、少しはあるということですね。薬のマニュアルと同じように、まず副作用の少ない薬から試していくということですね〉

「そういうことです。特に大事なのは、治療者の方が解釈を投与してそれを患者が一方的に受け取る、という構図より、共同で問題点や防衛といったものを話し合う、いわば共同解釈です」

(2) 防衛の共同解釈のポイント

【一七のポイント】

〈それなら、Bさんなりに、防衛についての話し合い、共同解釈のポイントをもう一度まとめてくれませんか〉

「自由に浮かんだまま述べます。

①治療者は予め防衛についての勉強をして、防衛・防衛機制について十分知っておくこと、また自分はどういう防衛や癖が強いかわかっておくこと

②患者の知能、生活歴、学歴をわかっておくこと、また防衛についてのどのような知識があるのか予想しておくこと
③面接に入ったら（入る前からも）逆転移（治療者側の感情）が自然に無理なく平等に漂う注意でもってどう浮かんでくるか注目すること
④自然に、心に浮かんでくる（逆転移アンテナに引っかかってくる）患者のいくつかの防衛があれば、それに注目する
⑤防衛していることや防衛の内容を共同探求することのメリット・デメリットを考えておく
⑥防衛を取り上げるメリットの方が大きそうかどうか考える
⑦どの時期に取り上げるのが最適で最重要かどうか考える
⑧防衛を取り上げた時、それを探求していけそうな精神状態かどうか、そういう意欲がありそうか、それに抵抗しそうか考える
⑨そして患者がわかりやすい話しやすい話題から入る
⑩専門用語は使わず、患者の言葉を使用する
⑪防衛共同探求に乗って来そうならそれを進めるが、そうでないとその理由を考える
⑫共同探求してある重大な防衛内容（治療者への恋愛感情など）や防衛機制（抑圧）に達した時、患者が肯定するか、否定するか、無視するか、無関心になるか、激怒するか、パニックに陥るかなどいろんな事態を予想して、その都度最適な対応ができるように努める
⑬患者が肯定した場合、その自覚した時の感想を聞いておく

⑭必要とあれば防衛してきた理由も聞く
⑮治療者は、防衛は必要な時もあるので程々に自分に有益なように防衛を使うよう話し合う。特に防衛は病的なものではなく、それが過剰になったり過少になったりする時に問題になってくる、という認識を共有する
⑯この防衛を自覚し続け、自然にコントロールできるかどうか話し合う
⑰ある防衛を克服（自覚、コントロール）した後、再び出てきた場合は再び取り上げ、徹底操作を怠らない、といったことです」
〈マニュアルがないといいながら、結構あるじゃないですか〉

「そういわれればそうですが、あまりそれにこだわらない方がいいですよ」


【徹底操作とは？】


〈徹底操作って何なのですか〉

「徹底操作とは、ワークスルー、ワーキングスルーと呼ばれる重要な治療作業です。それは一旦共有された解釈に統一を与え、解釈が引き起こす抵抗を克服する精神分析過程です。

つまり、ずっとある防衛機制を不適切に使っていた状態から、一挙にその防衛機制に振り回されずに自由にコントロールするというのは大変なことなので、その貴重な発見（共同解釈で得られた自覚）を徹底的に自分のものにするという訓練作業のようなものです」

〈もともとの悪い癖を治すということですか？〉

「そう言っていいんでしょうね。テニスで言えば、手打ちの悪い癖を治すということです。それには徹底的な練習が必要です。そしてどれだけやってもなかなか改善しにくいものです。むしろ今までの悪い癖に少し新しい良い癖を身に着けてもらうといった方がいいでしょう」

〈治療もスポーツも繰り返しが大事ですね〉

「そう、キルケゴールが言ったように『繰り返しの意義を知らない人の人生は悲惨である』ということで、繰り返しはとても重要な治療作業なのです。だから、この解釈と徹底操作という共同作業は大変大事なことなのです」

3　防衛の取り扱いの例

(1) 事例16　三〇歳、男子大学院生（性的感情の抑圧）

〈それではわかりやすくするため、防衛と共同解釈の例を挙げてくれませんか〉

「できる範囲で頑張ってみます」

［病歴・治療歴］

事例は三〇歳の理系の大学院生であるが、最近集中力が低下し、ミスが多いとのことで、教授から勧められて、筆者の元に相談に来た。

本人は、面接三回目で「うっそうと茂った森の中に踏み迷い、やっとのことでそこから出たと思ったら、今度は大きな洞窟に入り込んだ。そこは迷路のようになっていてなかなか出られない」といった夢を報告した。

これについて、彼は「何の連想も浮かんで来ない」と言ったが、筆者が丹念に粘り強く聞き出したところ、言いにくそうに「実は、このこんもりした森から、どうしても女性のあそこの密生した毛（陰毛）が浮かんでくるのですが、恥ずかしくて言えませんでした」とのことであった。洞窟に関しては、更に言いにくかったが、女性器を連想するとのことであった。筆者は、この「言いにくい」ということも含めて、連想を進めると、患者は次のような自己理解に到達した。

それは、①現在、博士論文に取り組んでいるのだが、身体からもやもやしたものが感じられて研究に集中できていない、②もやもやしたものとは、性への欲求で、女体に関する果てしない関心である、③自分はこうした性への関心を抑え過ぎていたと思う、④抑え過ぎていたのは、両親（両方とも厳格な教師）の影響が強いが、同時に女性に接近して振られたり拒絶されたりする恐れでもあったと思う、といった内容であった。筆者が、異性への関心や性的欲求はきわめて神聖なものでまた人間生活にとって必要なものだ、と述べ、それらについて話し合う中で、彼は性に向かい合えるようになり、徐々に女性とも話したりできるようになってきた。

そして、今までずっと避け続けてきたお見合いもできるようになり、気に入った女性との交際が始まると共に、彼は勉強に集中できるようになり、結婚と同時に博士号の獲得が可能になり、今は幸せな生活を送っている。

彼が言うには、洞窟の迷路とは、性に呑み込まれて自分を見失うのではという恐れや、女陰の複雑で神秘的な構造に対する限りない関心と恐れ（驚いたことに、彼は女性器の正確な形態さえよくわかっていなかった）だったのではと回想している」

【解説】

〈珍しいですね。これだけ性がオープンになった現代でも、このような男性もいるんですね〉

「男性・女性に限らず、こういう例は珍しくはないですよ。もちろん極端化していて一方で性に関して早熟で、中学生で妊娠したりする例や、性に夢中になりすぎてしょっちゅう女性とトラブルを起こしている男性も多いのです。このように性にオープンになりすぎる例と、この事例のようにそれを抑えつける例が二極化しているような感じですね」

〈この場合、患者は性的なことを抑圧していたということですね〉

「ええ、意識的にも無意識的にもでしょう。ただ、いくら拒絶し回避し抑圧しても、夢は正直に本人の心や身体の状態を伝えてきます。本人はそのメッセージを、苦労や抵抗はあったが、それをよく生かしたと言えるでしょう」

【抑圧とは？】

〈今使われていた抑圧という防衛機制についてもう少し詳しく教えてください〉

「先ほども述べましたが、個体がある欲動と結びついた表象（思考、イメージ、記憶）を無意識の中に押し戻すとか、無意識内に留めようとする精神作用です。抑圧は、欲動の充足が、他の欲求に対して不快を誘発する恐れのある場合に生じます。抑圧はヒステリーにおいて目立ちますが、この事例のようなうつ状態でも正常心理でも重要な役割を果たしています。おそらく抑圧は最も基本的で普遍的な防衛機制であり、どこにでもある精神過程で、多数の防衛機制の代表者だと思われます。だから、抑圧はしばしば防衛と同一に扱われることもあるようです」

〈この本人が性的欲動を抑圧した原因はなんでしょうか〉

「それは多くのものが混じっているでしょう。家柄や家族の雰囲気が性に対して否定的なこと、両親の教育の影響、体質・遺伝、女性との交際の無さ、学問一直線という素地があるでしょう」

〈それだけですか〉

「いや、性に関心を持って勉強がおろそかになる不安、性に振り回される不安、性に対する嫌悪、女性から嫌われるという恐怖、いざ性的な場面になって未熟さを笑われるのではという不安、両親から叱責される恐怖といったものがあったように思います」

〈それでは十分に抑圧しきれなかったのは？〉

「体は正直ということでしょう。それと一人前に女性と付き合い、家庭を持ちたかったということでしょう」

〈結局人間は、性に惹かれる欲動と性を避ける傾向に引き裂かれてしまいますね〉

「そう、そういう葛藤を自覚し、それを生きるのが大事なんです。そして適切に抑圧し適度に解放させるのが重要なんでしょうね」

(2) 事例17　四五歳、既婚女性（転換で耳が聞こえなくなった）

[転換とは？（心身医学との関係）]

〈先の事例では抑圧がうつ・無気力という症状に出ましたが、転換症状も多いんでしょう？〉

「そうです」

〈では転換についても教えてくれますか〉

「転換はヒステリー、特に転換ヒステリーに一番多いものですが、他の病気や普通の精神過程においても生じます。転換は、心的葛藤が転移し（感情、態度が別の対象に移動する）、これを身体症状、ことに運動性（麻痺）、または感覚性（知覚脱失、疼痛）の症状に解消しようとする試みだといわれています。また転換は象徴的意味を持っているようです。つまり自立したくない女性が自立を迫られ歩行困難になったり、重要な人物に対する攻撃性を表明できず両下肢に痛みを生ずるといったものです。転換は大抵抑圧の機制と同時に起こり、失立、失歩、失声、後弓反張（エビぞり）、視覚障害、難聴、痛み、しびれといった随意神経系や知覚神経の麻痺、失調のような症状を起こします」

〈心的内容の身体化といっていいんですか〉

「そのように大きく括っていいかどうかわかりませんが、いずれにしても心身一如ということでしょう。全ては心身医学という総合医学的視点を持っておくことが大事かもしれませんね。いずれにしろ事例を見てみましょう。

【事例の概要（難聴の始まり）】

本人は四〇代半ばに差し掛かった時に耳が聞こえない、耳が遠くなったということを感じました。慌てて耳鼻科を受診しましたが、聴力検査では異常ありません。それで安心したのですが、聞こえにくさは同じです。それで困って別の耳鼻科へも行きましたが同じです。でも気になっていろいろ回ってみると、精神的なものがあるかもしれないと言われ、ある心療内科に紹介されました。

心療内科では『ストレスが原因』と言われましたが、本人には思い当たるものがありません。それとストレスに効く安定剤を処方されましたが、ぼーっとなっただけで何の効果もありません。

それでいろいろ調べて私（治療者）の元にやって来ました。治療者は話を聞いた後、《年齢もあるので少し聴力低下もあるかもしれない》と伝えると、とても安心したようでした。

そこで、難聴のことを聞くと、外にいる時は注意しているのでいいが、家にいる時に聴力が低下するとのことでした。更に聞くと、一人息子が大学へ行ってから聞こえにくくなったとのことでした。特に主人の声が聞えにくいとのことでした。

詳しく聞くと、結婚し子供が生まれるまでの主人は優しかったものの、長男が生まれ、夫の方もしばらくすると仕事が忙しくなるにつれて夫婦の交流は少なくなってきました。本人は、結婚とか夫婦の生活ってこんなものだろうと思い、子育てに気持ちを注いでいました。

主人は仕事ができる反面、遊び好きで、三〇代前半に他の女性とも関係を持ったりして、それで本人はとても苦労させられていました。その時、夫は深く謝り、本人ももうそのことは忘れようとしていました。

夫も真面目に仕事に勤しんでいましたが、息子が大学入学のしばらく後で、また浮気があり、夫のことが信じられなくなりました。彼は再び謝りますが、今度は心が収まりません。実母に相談したところ『離婚は息子に可哀想だし、世間体も悪いから』と我慢するように言われ、彼女もそうするようにしました。しかし、もともと交流が少なかったうえに、こんなに傷つけられ彼女の心は、口惜しさ、悲しさ、寂しさ、怒り、憎しみでいっぱいだったようで、またこんな夫と結婚したことをひどく後悔するという気持ちであふれていたようです。

ただ、もともとあまり喜怒哀楽を出さない家庭で育ち、悲しんだり怒ったりするのはしたないことだという父母の影響もあって、こういう気持ちをずっと抑え込んでいました。聴力が低下したのはこの頃です。

怒り、傷つきを抑圧していた彼女ですが、治療者との面接でそれらが溢れだして毎回、夫への攻撃感情や自分の惨めさが主題となって出て来ました。

彼女が言うには『私はもともとこの結婚はあまり乗り気ではなかったけど、親が勧めるし、夫もその頃は熱心に私の方を向いてくれていたので、つい結婚してしまった』『子供が生まれたのは嬉しかったけど、一度目の浮気の時は本当は離婚したいぐらいの気持ちだったが何とか抑えた』『その後夫はおとなしくしていたが、夫婦の交わりが少なく寂しかった』『二度目の浮気の時は完全に離婚と思ったけど、母の戒めもあって我慢した』『耳が聞こえなくなったのは、夫のことが嫌いで夫にまつわるもの全てを耳に入れたくなかったからだ』ということでした。このことが表現されて以来、徐々に聴力は回復してきました。

ただ、『不思議でしょうがない。今から考えたら、夫とのストレスが難聴の原因だとわかるのにどうして気付かなかったのかしら』『それに、主人に対しては、ものすごい怒りや口惜しさ、寂しさ、後悔があるのに、何故その時それを感じなかったのかしら』という疑問でした。

その点を話し合ったところ、『気持ちをちゃんと聞いてくれる相手がいないと自分の感情というのはなかなか表現しにくいし、また理解者がいないと表現しても惨めになるだけ。多分この自分のつらさ・惨めさに向きあうのを無意識に避けていたので、耳が代わりに夫を遮断してくれたのだと思う』ということでした。

ただ、それを話し合い、耳が聞こえだしたのはいいが、『こんなつらい気持ちを持ってどう生きていけばいいのか、夫のことはもう我慢して息子とだけ気持ちのつながりがあればいいと思っているが、いずれあの子も結婚していくし、こんな惨めな私はどうしたらいいんでしょう。これなら聞こえない方がよかった。嫌なことを思い出さない方がよかった』と治療者を責めるような発言（陰性転移感情）も出てきたのです。

治療者は、半ば謝罪するような気持ちも秘めながら、本人の回想のつらさ、治ることの大変さ、現実や現実の自分の心を見つめることのつらさを、ゆっくり受容・理解しながら、どうするのが最良でどうするのが最悪かを一緒に考えていきました。

そうするといろんなことを勘案して、最悪は離婚、最良は夫婦の再交流ということになりました。しかし、夫婦の再交流といっても、夫とどう会話していいかわからないというところまで二人の間は距離があったので、彼女に夫婦の会話に関して助言したり、夫と一緒の合同面談を何回もしていったおかげで次第に落ち着いてきました。

今彼女は『あの時自分くらい惨めな者はいないと思ったりしたが、よく考えたらこういう夫婦関係を作ったのは自分にも責任があるから、その立て直しに頑張っていこうと思う。息子も私たち両親が仲良くなってくれることを願っているから』とのことでしたが、でも『この傷だけは消えない。できれば思い出さずに心の底の方に沈んで思い出すことの無いように願う』ということでした」

【解説】

〈事例はよくわかりましたが、彼女は難聴と夫との関係について全く気付いていなかったのですか？　それとも少しは気付いていたが無視しようとしていたのか？　どちらなんでしょうか？〉

「よく出てくる質問ですが、これは何ともいえないし、どちらでもいいと思います。意識と無意識をそんなに簡単に区別はできません。大体無意識なんて存在しないという人もいるぐらいですから。大事なのは、彼女が面接の中で、夫への怒り、結婚の後悔、自己の惨めさを詳細に語った後、難聴に転換されていた症状が治ったということです。

この例のような患者さんは多いですし、また思い出して語り尽くした後でも『実は私はひそかにこの症状と夫の関係はあるように思っていた。とうの昔に気付いていた』という方もいるし、『薄々は感づいていたがここまでとは思わなかった』という人もいます。もちろん『先生に話すまで、そういう感情には全く気付いていなかった』という方もいていろいろです」

〈ところで、この抑圧→転換ですが、原因は、夫への怒りですか？　それとも自分に関する惨めさですか？〉

「その点もはっきりしませんが、私は両方を考えます。というのは夫への怒りが主であったとしても、その夫と関係のある自分にも攻撃性が向かうでしょうから、自分が惨めになるでしょう」

〈何故彼女の防衛機制は抑圧・転換となったのですか？　それに難聴という症状が選ばれたのは？〉

「まず考えられるのは、あまり感情を出さずに落ち着いて収めるという親の養育方針でしょうが、それと同時にもともと聴力が弱いという体質・素因があったのかもしれません。また母以外にこうしたことを話せる友人がいなかったこと、またこういう苦しい葛藤に初めて出会ったと言ったことなどが、原因ではないですか？　まあ、面接治療での原因はそれが患者と共有され、患者の役に立てば基本的には原因だと考えていいのではないですか？」

〈かなり非科学的態度ではないですか〉

「そうでしょうか。科学的真実となっているものでも、今まで皆と共有され有益だったという仮説の集積でしょう」

〈もし、ここでの治療者役であるBさんの仮説が間違っているとしたら、どうなるんですか？〉

「早晩、患者の状態が悪化し、また再び対策に役立つ原因探しが行われるだけでしょう。抑圧と身体症状への転換はよく遭遇するのでもう一つ例を挙げます」

(3) 事例18　三三歳、既婚女性（両下肢麻痺の転換事例）

[事例概要]

患者は二六歳の時に酒屋をしているご主人のもとに嫁いできたのだが、家事と同時に店の仕事の大変さにもびっくりしてしまった。また子供はもう少し結婚生活を楽しんでからと思ったのだが、意に反して二人続けて生まれ、その育児でも大変であった。そんな時夫が店を拡張したりして、ますます忙しくなってきた頃、本人の身体は麻痺し、立ったり歩いたりすることが困難になってきた。

[解説1]

失立、失歩という身体症状の背後にすでに、欲求不満（ゆっくり新婚生活を楽しみたかったという欲求が得られていない苦しみ）と負担・疲労の存在が匂う。

[事例続き]

早速、いくつかの大病院で検査してもらったが、結果はいつも異常なしであった。内科ではどうにもならないと、精神科に回された。ところが、本人は「私は精神はおかしくない。これは身体の病気」と精神科に拒否的であり、また、せっかく受診した精神科医の方も簡単に話を聞いて薬を出すだけで、症状はちっとも改善しないため、数回通っただけで中断してしまった。

症状は依然頑固に続いており、特に午前中にひどく寝たきり状態が続いていた。ただ、人のいない時、時々テレビを見に起きてきたりして「わざと寝ているのでは？」と夫に疑われ、夫から文句を言われたのをきっかけに、夫婦の不和もひどくなって、実家へ帰ることになった。ただ、実家へ帰っても症状は軽快しなかった。そんな時、知り合いからの紹介で私のクリニックへやってきた。

【解説2】

症状の軽快が得られない、自分のつらさを理解してもらえないといった苦しい状態は続いているようである。このような時、本人はわざと動けない振りをしていると取られがちだが、実際に身体が動かないのである。ただ、テレビを見る時、身体が動くというのも本当だろう。だから、大事なことは、周囲が本人を非難せずに、「動けるときもあって良かった」とか「動ける時が増えるといいね」といった暖かい見守りをする方がいいのだが、治療者でもない家族をはじめ、周囲にそれを期待するのは無理というものである。

【事例続き】

さて、本人は実母に連れられて私の元を受診したが、精神科に連れて来られたことに明らかに不満そうであった。そこで筆者は「病院にかかるだけでもつらいのにましてや精神科に、しかも自分の意志ではないのに連れてこられたら、それはつらいですよね」と言うと、「そうなんです」と少し頷いてくれた。これは行けると思い「ここの名前は精神科・神経科・心療内科となっていますが、悩みごとのよろず相談所と考えたらいい。ここは援助するところで、精神科医は悩みごと相談のプロですから」と説明すると、また少し心を開いてくれたようであった。そして「とりあえず事情を聞かせてくれませんか」と言うと、少しずつ応じてくれた。そこでなるべく本人の身体症状や現在の生活や対人関係に焦点を合わせて詳しく聞いていくと、本人は堰を切ったようにしゃべり始めた。

話は、症状の苦しさから、周りに理解してもらえないつらさへと続いたが、何といっても夫への不満が一番強烈であった。それは「夫は優しくないし、私の言うことに何でも反対する。私は自分の貯金を主人につぎ込んだけれど、主人はそれを商品に使っただけで、ちっとも私に返してくれない。主人は、夜の三時頃まで遊び歩いていて、サウナ、スナックに行ったりするけど、私は全然楽しむことができない、ものすごく腹が立つ」といった内容のものであった。聞いていると、ちょっと自己中心的な部分もあったのだが、一切批評は加えずに、ひたすら聞くことだけに徹した。本人はしゃべっているときには、生き生きしていて身振り手振りが加わり、とても身体が麻痺している人とは思えなかった。

［解説３］

拒否的な人には、それを叱ったりせず、精神科受診のつらさを思いやることが重要で、またクリニックや病院は援助機関であるということをはっきり言う必要がある。もちろん、こういう働きかけをしても拒否がとけない人も多いのだが、この患者は幸い、心を開いてくれた。そして、苦しさの内容は「夫に優しくしてもらえない」「夫に理解してもらえない」「自分が楽しめない」という核心的なものに近付いてきた。それから、彼女は治療者と話す時は身体が麻痺していない。つまり、自分が理解してもらえる相手には運動機能が動くという点が大事なところである。ヒステリーの障害が随意運動神経系（自分の意に随って動く運動神経）に出てくるというのが、よく理解できると思われる。

【事例続き】

そこで、治療者は、「お話を聞いていると随分つらそうですから、薬の助けでも借りて、話し合いを続けていきませんか」というと、承諾してくれたので、心身を楽にする安定剤を投与した。服用した結果、「少し、気持ちが楽になり、落ち着いた」というので、更に話し合いを続けたところ、夫への不満はまだまだ続いたが、それを言い尽くすのと並行して、徐々に自分の方にも目が向いた話し合いになってきた。つまり、子供をすぐに産んでしまったことの後悔（本人は「元々、子供なぞ欲しくなかったのに」と言う）、更には結婚してしまった後悔が語られ、いつまでも娘時代のように自由に飛び回っていたい願望が表現された。しかし、同時にもうこの年になって、子供も二人生まれて後戻りできないつらさ、再婚できないつらさも訴えた。

【解説４】

患者の話す内容が、①症状のつらさ→②周囲に理解してもらえないつらさ→③夫への不満→④すぐ妊娠してしまったことのつらさ→⑤結婚したことの後悔→⑥「娘時代のように自由に飛び回っていたい願望」と「妻・母であらねばならない気持ち」の葛藤、というように移ってきているのがわかる。

【事例続き】

そこで、治療者が「こんなにつらかったら、身動きが取れない、つまり身体が動かなくなって当たり前ですね」と言うと、大きく頷きましたが、もうこの頃には症状が消えていて、普通に動けるようになっていた。そして、将来のことを検討したところ、やはり、妻として、母としてやっていくとの覚悟を固め、徐々に家事もし始めた。こうなると不思議なことに、ご主人に対しても「最近はよく家事を手伝ってくれるし、主人はやはりいいところの方が多い。考えてみれば、私のほうがわがままだった」というようになり、この頃治療を終了した。

【解説５（総論的解説）】

薬は、前精神科医が出したものとさして変わっていないが、納得して信頼して飲むと本来の作用を発揮するようである。だから、単に薬を出すというよりは、出すまでの準備作業の方がより大事だと言えそうである。要するに「薬の魂」を生かす処方が重要なのである。いずれにせよ、本人の苦の核心は「娘のように飛び回っていたかったのにそれが得られない」というものとして表明されている。ここは愛する娘時代と別れを告げねばならない苦しさと表現してもいいだろう。治療者はこの時、この葛藤と身体症状を結び付ける発言をしているが、普通は、そうするより患者の方から気付くようにしていく方を取った方がいい。今回敢えてこういう発言をしたのは、この時がチャンス（つまり、すっと「葛藤と麻痺の関連」について気付ける）だと感じたからである。今回はうまくいったようだが、いつもそうなるとは限らないので、この辺の対応は慎重さが要求される。

いずれにせよ、核心の葛藤が話し合われた結果、両者の間で「葛藤に関連した苦を受け止めかねたこと」と、「娘であり続けたい気持ち」と「母にならねばならない気持ち」の葛藤を解決しかねたということで発病し、今それに気付く中、もう一度本当の意味での結婚をし直したと言えるかもしれない。また、もう一つ大事な点は、良くなってくると夫への見方も変わってくるということです。だから、最初の悪口をあまり固定的に考えないようにしなければならない。

この事例では、女性の自立が多くなっている現在、娘でありたい気持ちと、妻、母であらねばならない気持ちを、どう調整するかという問題は、ますます大きな課題になってくるのだなという感じがした。ただ、それは彼女だけの問題ではない。我々も、また、たくさんの相矛盾する欲求（仕事をしたい、勉強したい、家庭を大事にしたい、友達と付き合いたい、遊びたい、のんびりしたい、いろんな欲求を満たそうとしすぎて忙しくなり過ぎ健康を壊さないようにしたい等、また公にはできないような欲求もあるだろう）を抱え、それらの中で葛藤し、その解決を絶えず迫られていると思われる。特に現代のように次から次へと欲望を刺激される時代にあっては特にそういうことが言えるだろう。

【疑問】

〈両例とも簡単に治っているようですが、ヒステリーの人ってこんなに簡単にいくんですか？〉

「とんでもありません。いろんなところを削除して、心のつらさがどのように抑圧・転換されるかに重点を置いて話しているだけなのでわかりやすいということでしょう。前にも言いましたが、その時の病気や症状はその患者の全歴史の総結集のようなものですので、治療を妨害する要素を丁寧に解明して、患者の自助能力を根気よく育てるのが一番大事なのです。治療者が如何に理論的に詳しく賢い人物であったとしても、このできる範囲内で丁寧に暖かく厳しく接しないと治療の進展は難しいように思います。しかし、そこを伝えるのはとても難しいので、もっと後の課題とさせてください。それともう一つ大事なことは、この抑圧・転換といった防衛は、ある程度、自分を守り自分の心を別の形で伝えるという、保護と伝達の機能があるので、程々に有益に使えばそれはそれでいいのでは、という気がします。だから治療は『防衛の有効活用』を目指すと考えてもいいでしょう」

(4) 事例19　二五歳、女性（置き換えの防衛機制）

［置き換えと代理形成］

〈次の大事な防衛機制は何でしょうか？〉

「やはり、抑圧と関係するのでしょうが、置き換え（置換）という防衛機制があります。置換とは、ある表象のアクセントや関心や強度が、その表象を離れ、別の表象へと移ることができるという事実を指します。その場合、第二の表象はもともとあまり強いものではないですが、第一の連想と表象のつながりで結びついています。こうした置き換えという現象は、特に夢の分析で見られますが、精神神経症的防衛やその他あらゆる無意識の形成物の中にも見られます。

この置き換えは、抑圧と共に最も基本的な防衛機制で、抑圧に伴って働くことが多いようです。具体的に抑圧によって無意識に追いやられた欲動・葛藤を、代理表象として充足させたり表したりします」

【事例概要】

本人は、元々清潔好きで潔癖症だったのですが、二年ほど前からそれがひどくなり、外出したら必ず衣服を着替え入念に手洗いをしシャワーを長時間浴びるという事態になりました。

心配した母は病院に行くよう勧めますが、本人は乗り気ではありません。しかし、この不潔恐怖や強迫的な洗浄が段々とひどくなり、ついには電車やバスに乗れず、外出も困難になり、本人も相当困ってきたので、ある大学病院の精神科に母と共に行くことになりました。ただ、病院では簡単に症状を聞かれた後、これは不潔恐怖性障害という病気で薬を飲んで徐々に慣らしていけば治っていく、と言われました。本人はその後で処方されたレキソタンという薬を飲んだところ、ほんの少しは楽になったものの肝心の不潔恐怖はそんなに改善しないままでした。

病院の医師は、努力が足りない、恐怖突入をすれば治っていく、不潔感というのは誰にでもあるのでそれを受け止めて外出という必要なことをすべきだ、ということを力説します。本人はこれを聞いて何か強い叱責を受けているようでその医師が怖くなり、ついに通院を止めてしまいました。もちろん、症状は改善しないまま引きこもりと不潔恐怖は続きます。そこで、母が私（治療者）の本を読み、探してきて治療者の元に本人を連れて来たのです。早速、本人の話を聞くと、不潔恐怖もさながら精神科医への恐怖もかなりあったので、《その医師は熱心さのあまりにそう言ったのだろう。ただ、恐怖突入と言われても今の貴女には難しいでしょうね》と言ってあげると少し安心したようでした。

そのうえで、レキソタンに変えてパキシルという抗うつ剤（恐怖・不安にじわっと効くとされる抗うつ剤）を出すと前より少し楽とのことでした。それから《不潔恐怖は確かに誰でもが持っている恐怖感だが、その恐怖を強くする要因を探っていく中で不潔恐怖の対策を考えましょう》と言い、早速詳しい事情を聞くため、カウンセリングを開始しました。

そうすると、もともと潔癖症というのはあったのだが、それが強くなったのは仕事についてからでした。上司がきちんとした人で、その影響もあって潔癖症が強くなったということでした。その会社は半年ぐらいで辞めたのですが、不潔恐怖は収まるどころかますます強くなります。大変不思議に思った治療者が、今度は彼女の人間関係を聞いていくと、それなりに良き交際相手がいます。ただ《そんな素敵な恋人がいるのになかなか治らないし、一人で外出できないなんて不思議ですね》と言うと、彼女は『実は、小学校に入りたての時に叔父さんから性的な悪戯をされた。それはもう忘れようとしていたんだけれど、先生と話していると思い出されてきた。ただ、思い出したのは会社を辞めてからだった』ということを告白しました。

その性的外傷を思い出したからと言って症状が減るわけではありません。それで更に会社を辞めた時の気持ちを聞いていくと『実は就職は腰掛けのつもりで早く辞めて彼と結婚するつもりだった』『でも結婚のことを考えたら急に不潔恐怖が出だしたんです。不思議です』と言うので、その点に焦点を当てて聞いていきます。しかし、彼女の抵抗はかなり強く、よくわからない、何も思い出せない、ということでしたが、ついに夜の夫婦生活に強い恐怖を持っているような感じになったのですが、これに対して猛烈に彼女は否定します。

そこで、治療者は《セックスはどのようにするのか》という核心に触れだすとますます混乱し怖がり泣き出します。そして『何故そんな嫌なことを聞いてくるのか』と叫びます。それで《性の話題は誰でも苦手だし、怖いですよね。だから先生もそのことには触れたくないんだけれど、どうしても病気を治そうと思ったらそこに触れざるをえない。本当に僕もつらい》といった、治療者自身の引き裂かれた気持ちを出しました。

こんなやりとりが数回続いた後、彼女は『実は性的なことは昔から苦手で不潔なものとしてなるべくそれに触れないでおこうとしてきた。そして彼もそういう性的なことは避けてくれ、ちょっと手をつなぐくらいだった』『でも結婚が迫ってくると、そういう訳に行かない』『どうしたらいいのか、と頭がもうろうとしている間に、性的なことや男性がとても不潔に思われてきたんだと思う』といったことを言い出しました。そして『性や男性のことが不潔に思われると、外へ出ると男性に触れるかもしれないと思って怖くなった』『特に電車でつり革を持つと男性の不潔なものが移るかもしれないし、また座席に座ると横に男性が座るのは耐えられないので、電車やバスにも乗れなくなり、ついに外出も怖くなった』と語りだしたのです。

その時点で不潔恐怖はかなり改善してきましたが、でも性の恐怖だけは去らないので、恋人と共に三者面談をし、彼が『僕は君が側にいてくれるだけでいい。性の交わりはできる時にしたらいいので、一生できなくてもいい』と言ってくれたので、大いに安心しました。

その後、二人は結婚へと向かい、自然に夫婦生活もでき、女の子を授かったとのことです。彼女が治療の終わり際に『今から考えたら不思議。不潔恐怖の裏には性への恐怖があることに気付いてもよかったのに、本当に不思議』というので《いや性への恐怖が無意識に閉じ込められていたので、貴女は安心してここまで来れたんですよ。しかし、このままではいけない、と感じ出したので、不潔恐怖という形で現れてきたんですよ。思い出す作業は相当つらかったかもしれないけど、何とか貴女の努力で謎が解けて良かったですね》と言っておきました」

【解説】

〈置き換えって、完全に置き換わるのではなく、症状として出てきた不潔恐怖と、核心にある性への恐怖とはつながっているんですね〉

「そう、男性恐怖ということを媒介にしてそうなっていますね」

〈こんな風にうまく回想できるんでしょうか〉

「いや準備が整わないと難しいです。この人だったら言っても構わないということが必要です」

〈それにしても彼女の恋人はよく『セックスがなくてもいい』と言いましたね〉

「私の推測ですが、彼女が治る為にはそのように安心させた方がいいと思ったからではないですか。でも彼の真面目さもあって本当にそれでもいいと思ったのかもしれません。いずれにしろ結果が良かったので良かったことにしましょう」

(5) 事例20　三〇歳、女性（感情を隔離していた強迫神経症）

[隔離とは？]

「次は隔離（isolation）または分離と呼ばれている防衛機制です。その特徴は

①本能衝動・欲動に伴う表象と情動を分離すること（性欲はあるがそうしたことは浮かんで来ないし、それに伴う感情も感じない）→本能や欲動の処理がし易くなる

②これは思考と感情の隔離にも使われる。愛や支配欲、敵意や怒りなどの観念がわいても自分はそんな感情を持っていないとする方がとりあえず気が楽である

③従って、隔離は二種類（本能衝動・欲動とそれにまつわる表象・感情の分離と、『欲動とそれに関連する観念』と『（本当はそれに関連する）感情・情動』の分離です（だから『そんな欲求は持っていません』という心性と『そういう欲求は頭では考えますが、全然そんな気持ちはありません』という気持ちが出てくることがあります）

④だから一種の抑圧、分裂、否定でもあるが、原始的防衛の分裂、否認よりは、意識化し易い

⑤また反動形成、知性化といった防衛機制とも関連する

⑥この防衛機制はよく使われる。例えば勉強でライバルに負けた時『確かに口惜しくないと言えば嘘になるけど、まあ相手がどうこうというより自分で頑張るだけだからね』とうそぶく場合です。これが実際で無理なく淡々と勉強して健康を保てればこの隔離防衛機制は健全な防衛で成功しているといえる。しか、あまりの口惜しさに猛勉強して体を壊したり、口惜しさのあまりそれを誰

にも言えず悶々として夜も眠れないとなると不健全で失敗した防衛といえる

⑦また隔離があまりにも行きすぎると、強迫神経症になったり離人症になったり失感情言語症になったりする

⑧いずれにせよ、口惜しさ、恥、怒り、恨み、憎しみ、敵意、(相手を)支配したい・従わせたい・所有したい、といった種々の感情を自覚し向きあい体験しつつ、それをコントロールするというのは大変です」

【事例概要】

「この分離が目立った例を挙げます。

ある三〇歳の、清楚な感じの女性が訪れて来て、数年前から確認癖に悩んでいる、薬をもらったり、カウンセリングを受けたりしても改善せず、最近段々ひどくなってくる、ということでした。確認は主に、ガス・電気の栓・スイッチや扉の鍵といった安全面のことでしたが、最近では服装や日常のこと、また仕事のことにまで及んで来たので、こちらへ来院したとのことです。

そこで話し合ったことは『確認をどれだけ行っても相対的安心しか得られない』『相対的安心で構わないと受け止めることが大事』『確認を少しで済ますと不安でたまらないのでつらい。しかし確認をかなり長時間すると安心感は増えるが時間がかかり、これもつらい』『どれをとってもつらいということを踏まえて、何回にするかは自分で決めるしか仕方がない』ということで、それらが共有されました。

そして確認は三回にしてみるということでスタートしましたが、長年のくせがありうまく行きません。そこで冷静になるのを援けるためレキソタンを出すと少し楽になり、また行動記録療法（自己決断のでき具合で毎日○、×、△を付ける）をやったところ、確認回数は三回ほどになり、よかったということになりました。

しかし、まもなくうつ状態に陥り、気力が湧いてこず、会社にも行きかねているとのことです。それで抗うつ剤の処方をしましたが改善しません。そこで、治療者は夢を見るようにすること、夢を思い出し記録すること、と提案すると、三回目あたりで『ある魔女というか鬼女に追いかけられ、捕まえられそうになったが、ナイフがあったことを思い出し、相手の顔を切り裂き殺してしまった。後で大火事になっていた』という夢を報告したので、それを共同探求・共同解釈していくと『魔女の顔は何となく母に似ている』となりましたが『でも不思議、何故こんな夢を見るのかしら。母はよくしてくれているのに』ということでした。

それで治療者が《無理しなくていいですが、もしよかったら、この夢を通して、母のことや家族のことを詳しく聞いた方がいいように思いますが》と提案するとそれを受け入れてくれました。

その後、一時間を取った面接をすると、本人の父はアルコール依存症で家で暴れることも多く、絶えず隣の祖母の家に母と共に逃げていたとのことです。そして『母は自分を守ってくれているようだが、面と向かっては父と対決せず父の言いなりで、私も父に叩かれ、その恐怖は未だに残っている。私が大学生になり奨学金とアルバイトで自活できるようになってから、ようやく離婚した。その後就職し男性とも付き合い始めたが、いざ結婚となると、母は方角が悪いとか、風水がどうのといって反対する。私は母に逆らえないので、つらい思いで彼と別れたこともあった。結婚はしばらくは諦めて母とだけで生活しようと考えて割り切っていたつもりだが、こんな夢を見るというのは母に反対していきたい気持ちも強いんですね』と述べた。そしてしばらく母にまつわる話し合いをしたり回想してもらうと『今までも母への敵意や残念な気持ちは少しは意識していたが、こんなに激しく強く母への敵意・憎しみを持っていると感じたのは初めて』と語ったのです。

治療者はそれを聞きながら、やはり大変な歴史を背負っているのだな、と思いましたが、患者自身はつらい生活史を語りながら、感情をほとんど出さずに淡々としていたので、そこに焦点を当てると、『私は昔から父はもちろん、母も怖かったのです。それでなるべく反抗せずに穏やかな顔をし続けていたんです。仮面を被っていたのです』『幸い勉強もできて少しの友達もいたのでここまで来ましたが、こんなことではだめということでしょうか』と言うので、《いやいや、それはそれでこういう過酷な環境でよく頑張ったからそれは立派だと思いますよ。ただもうこのままではいかないという形で、ナイフで仮面（母だけでなく自分自身の）を切り裂く。そして火事で過去が一掃されてやり直すということを夢が告げて来たとも考えられます。私のこじつけ解釈ですがどう思われますか》と言うと大きく頷きそうかもしれませんとのことであった。

その後、彼女は前回の面接がショックだったので三日間会社を休んだとのことでした。治療者はそれを評価し、《内的な作業が行われている時は、外的な仕事はお休みにした方がいい》と言ってあげるとほっとしました。その後は、夢がかなり出てきたり、それにまつわって家族や自分の生き方の話が出て来て、患者は『私は母を敬愛する気持ちと、干渉されることで腹が立つ気持ちの両方があったと思う。そして後者の怒りや反抗を抑えていたと思う。頭の上では母への敵意を処理していたつもりでしたが、自分の中の母憎しの感情がこんなに強いとは思いませんでした』『でも先生の言う仮面・ペルソナばかりで生きていると本当に生きているという実感や自信が無かったので絶えず不安になり、確認を繰り返していたと思う』と述べたのです。また同時に父への怒りも十分に表現されました。

　更にその後『母に内緒でいま付き合っている人がいる。今度は母に反対されても結婚するつもり』と述べ、実際に結婚していきました。母は今度はもう反対しなかったそうです。その後『あれからまたいろんな気持ちが湧いて来た。両親への怒りはあるが、母や父もつらかったし憐みも感ずる』とのことでした。

　そういうこともあってか、結婚後、母の近くに住み、夫共々、母の元をそれなりに訪れ、母も安心して娘を手放せるようになったとのことです。もちろん、強迫神経症もうつも治り、今は元気に共稼ぎで楽しく暮らしているようです」


【解説】


〈患者は何を隔離・分離していたのですか〉

「図式的に言うと、父・母への怒り。母への反抗、結婚願望といったものを、ある程度は意識していた、つまり少し思い浮かべるということはあったけれど、そういう気持ち・感情を持っていないと、あるいは持ってはいけないという形で分離していたのかもしれません」

〈抑圧と同じではないんですか？〉

「そうとってもいいのかもしれませんが、彼女がつらい生活史をあまり淡々と語るので感情面を隔離していたと思ったのです。

治療ポイントとしては、相対的安心でいいとの覚悟、自己決断、薬の応援、行動記録療法、夢と共同連想、生活史を語り母への怒りをはっきり自覚しそれに向きあう、心の整理、再生、結婚ということですが、やはり一番大きなのはこれまで隔離していた母への怒りの感情を体験できたことでしょう。これで表面だけでなく、心・身体・脳の芯まで解放され癒されたと思いますよ」

〈私は夢の解釈の時、Bさんが何故わざわざこじつけ解釈と言うのがよくわかりませんが〉

「私は、私の連想がすっと入るよりそれをヒントにいろいろ考えて欲しいのです。だから《私のは全く参考意見で正しい役に立つ解釈は貴女がもっているんだ》ということを言いたかったのです」

〈素直でないような気がしますが〉

「いや、自分のは全く空想的な意見なので、やはりこじつけ解釈というのが素直だと思います」

〈まあ、大した議論かどうかわからないので後にします〉

(6) 事例21　二〇歳、男子大学生（反動形成の例）

「次は、抑圧や置き換えや隔離と密接な関係を持った防衛機制です。反動形成というように、自らの内的欲求とは逆の表出に向かうという防衛です。いわゆる、強がり、やせ我慢、負けず嫌いといったものです。その特徴は

①反動形成は、無意識の受け入れがたい内的欲求・空想・衝動を抑圧し、その内容とは逆方向の形で表出するということである

②例えば内心では好意を持っているのにわざと敵意を出したり、弱いのに強がってみせたり、依存したいのに過度の自立志向を見せたりということである。また慇懃無礼（表面は丁寧で礼儀正しいように見えるが、実は尊大で無礼なこと）や馬鹿丁寧（並外れて丁寧なこと。その背後には悪意が潜んでいることが多い）といったことも反動形成といってよい

③ただ、劣等コンプレックスを反動的に補償しようとして劣等感を克服するのも良き反動形成かもしれない。吃音者デモステネスがそれを克服しようとして雄弁家になったり、身長が低かった豊臣秀吉やナポレオンが権力を握ったりというように、反動形成は努力の源の一つになる

④反動形成は無意識の備給（エネルギー補給）と力は同じで方向が逆の意識的要素の逆備給。

ということですが、本心とは逆の行動・表現をする、といったことで、人間は本心通りに動きたくない、あるいは自分の本心を怖れていて反対のものに置き換えようとする傾向が強いのであろう。これは至るところで出てくる。また本心とは反対にと言ったが、その本心とは反対の気持ちも一定の本心かもしれないので、話はややこしくなるようです」

〈私が思うのは、何かが生ずるとまた別の何か、その中には関連する何かかもしれないが、大抵その浮かんで来つつある内容に反対のものが起きるので、抑圧や反動形成はごくごく自然なものだし、それ以外の転換、置き換え、分離も程々ならあってもいいと思うのですが〉

「その程々で行くのが難しいのと、自分の抑圧している内容の実体感の把握が難しいのです。人

間って素直になるのは本当に難しいなと思いました」

［事例概要］

「この事例は、対人関係の困難をテーマに面接治療を続けて来ましたが、自分の中で嫌われ恐怖、そしてその背後に好かれ願望が非常に強く、その願望・恐怖に振り回されていることに気が付いてきました。そのことに気付いてから、少し自由になったのですが、ある時『どうしても気になる女性が自分の属するサークルにいる』と言うので聞いてみると、知的な美人なのだが、気が強くて自分の思い通りにしようとする女性で、すごく腹が立つということなのです。

このことに関して何か意見をくれというので《何故その女性がそんなに気になるのか》と聞くと、嫌いな女が大きな顔をしているのが気に入らない、と言うので、《ひょっとしたらその女性にひそかに好意を持っているのでは？》と解釈めいた質問をすると、強い口調で『そんなことは絶対にありません』と強く否定していました。事実その数日後、サークルの運営を巡って彼女と大激論を交わしたとのことです。

ただそこから二、三日した後『その彼女と湖に一緒に飛び込んで泳いでいる』夢を見たので、びっくりし、治療者の元に相談に来ました。

それを巡って話し合ったところ『水という感情の中にいるとき裸で付き合ってみると意外とうまく行く人かもしれない』という感情をもっていることを認めました。それ以降、彼女に関する話し合いがかなりなされた後、彼は『実際はサークルに入った時から彼女に好意を寄せていたのかもしれない。

しかし、嫌われたり無視されたりするのは嫌なので、反対にこちらから無視したり彼女の意見に反対したりしていた。しかし彼女は負けずに言い返すのでますます腹が立って来た』『でも、それだけ敵視していた彼女を好きって、そんなことあるのでしょうか』と聞くので、反動形成の機制を知らせると頷いていました。その後治療者のアドバイスもあって、彼女の意見に反対するよりは、良い点を認めた上で、ここはもう少しこうすればいいね、という言い方をすればいいのでは、と言われそうしていくと、徐々に彼女も打ち解けて来て今は恋人同士のような仲になっているとのことです。面白いのは彼女の方も元々彼に好意を寄せていたけれど、あまり生意気で敵対して来るのでこちらもついついきつく言ってきたとのことでした」

【解説】

〈こういう例って多いですね。お互い表面は反発しているけれど、内心では惹かれあっているということがありますね〉

「そう、それだけ気にしているということですからね」

(7) 事例22　三五歳、男性（感情が出てこず治療の進展がなされなかった知性化例）

〈次はどうなりますか〉

「次も抑圧、隔離と関係の深い知性化について考えてみます。この防衛機制の特徴は、本能や欲求・衝動を知的に意識的に処理しようとするものです」

【知性化・観念化とは？】

知性化（intellectualization）は観念化（idealization）とも言われる。本能生活の知性化、すなわち本能過程を意識的に処理しうる思想と直結することで征服しようとする試み。人類の自我にとって一般的でごく早期に始まり最も必要なこととされている。知性化はうまくいけば昇華となる。しかし、過剰に使いすぎたり誤った使い方をすると観念の遊戯にしかならない。

【事例概要】

患者は、三〇歳を過ぎる頃から次第に抑うつ的になり、いろんな抗うつ剤を試したり、認知行動療法を受けたりしていましたが、なかなかうつは改善しません。そこで私の元へやって来て心理療法を開始しました。彼は、面接慣れしているようで、うつの原因を、父に一流大学を出ていい会社に入り真っ当に仕事をして家庭を築くことだと言われ、本来の自分の生き方を見つけることができていない、と流暢に答えますが、それでは《本来の生き方とは？》と聞いても『それがわからないで困っている』との答えでした。それで、私は《本当にしたいことはすぐわかるものではない》と言い《小さいころから丁寧に聞いていっていて何を感じていたのか考えてみる中で考えていこう》と提案し、一応承諾してもらい、彼の人生の洗い直しの作業に入りました。

本人は幼いころのことを覚えており、父や母の様子も随分述べるのですが、何か感情がこもっていません。例えば、三歳の頃から習っていたピアノの練習をさぼって遊んだり童話を読んだりしていると、母から怒られたり、父に言いつけられ父からは一層ひどく叱られたとのことです。ただ、気になったのはこの時の本人の反応で、怖かったけど、自分が悪いことをしたので怒られて当たり前という優等生的な答えでした。治療者はそこで、《怖さ以外に、反発や、子供の自主性を認めない親に怒りを感じないのか不思議》と返すと、『そうかもしれないけど、自分が決められたことをしなかったので怒りを感じなかった』との答えでした。

しかし、治療者はあまり淡々とした答えに疑問を抱き、生活史を詳しく聞く時あまりに彼の感情を聞くので、彼が治療者に『何故、そんなにいつもいつも、自分の気持ちや感情を聞くのか』と怒りだしたのです。一瞬、治療者はたじろぎましたが、これは治療のチャンスと見て《今のように怒りを出すのはよくあるんですか？》と聞くと、『滅多にないが、今不思議と怒りが出てしまった。すいません』と言うので、治療者は《いや、こういうように感情が出ることが大事なんですよ》という話になって来ました。

これは治療者への陰性転移感情でしたが、丹念に聞いていると、父への陰性感情も相当強くこれを表明することには随分時間がかかりました。ただ、そうする中で本人はとまどいながらも『父への敵意や怒り・反発・憎しみがこんなに強いとはわからなかった』『自分はそういう父への攻撃性を自分に向けていたのでうつになったと思う』ということに気付き始めました。

ただ、こういう気付きは初めてなので、随分とまどったようですが、治療者は《激しい感情、特に相手を傷つける感情は処理されてしまうことが多いけど、今度からは、これをじっくり味わって程々に攻撃性を意識して行動すればいい》ということになりました。

［解説］

〈知的に説明する患者は多いですが、感情を伴っているかどうかどうしたらわかるんですか〉

「それは別に基準がある訳ではないです。患者の言動に感情が感じられなかったら、知性化などを疑い、介入や解釈をして良かったらそうしたらいいし、まだ早いなと思ったら、また考え直してみるのもひとつでしょう。

ただ、感情が伴わない人に、感情を出してください、と頼んでも無理なことが多いので、その時は患者と波長を合わせながら、少しでも患者の感情開発に取り組めばいいんじゃないですか」

(8) 事例23　一九歳、男子浪人生（他責傾向と妄想反応による合理化例）

〈それが難しいんですが、それで次は〉

「知性化と大いに関係する合理化（rationalization）です。いわゆる『酸っぱい葡萄』で知られるように、自分の受け入れがたい欲求、感情、行為、思考、動機などを隠蔽し、もっともらしい意味や屁理屈（筋や道理の通らない理屈）をつけてそうした内容を処理することです。『酸っぱい葡萄』でいえば、葡萄が手に入らない欲求不満は受け入れがたいので『本当はその葡萄は酸っぱいのでいらなかったのだ』と、欲求不満も欲求自体も隠してしまうということでよく使われます。

①合理化は知性化と似ていますが、合理化は、知性化や昇華のように欲求充足の手段や目標がより社会性のあるものに変化せず、欲求水準が低いままです。

②合理化は広い範囲に渡っており、心気症的合理化、強迫症的合理化、妄想的合理化の三つが病態にかかわります。

③合理化は、本来の欲求が知性化によって本能衝動や欲求を処理したと考えるだけでなく、その本来の欲求が浮かび上がる度に、用いられる屁理屈（道理に合わない理屈）を使います。

④合理化している自分の気持ちを意識できている場合はいいが、そうでなくて自分の本来の欲求と合理化（屁理屈）にこだわると、周囲とトラブルになります」

［事例概要］

「本人は浪人して予備校に通っていますが、思うように成績が上がりません。イライラした彼は、近所や周りの人が、自分が勉強に取り掛かる度に咳払いしていると思い、母親にその苦情を言いました。しかし、母には咳払いやドアの開閉に音を立てて邪魔するということが感じられなかったので、あなたの考え過ぎよ、と言ってあまり取り合いませんでした。

しかし、あまりしつこくなりついには『隣と前の人に嫌がらせを止めるように言って欲しい』と言いだすので、困り果てて、私の元に連れて来ました。治療者は話を聞いて、どうして欲しいのか聞くと、まずこれが事実であると認めて欲しいというので、《事実の可能性はあるが、何か確実な証言や証拠があるのか》と聞くと『今のところは無い』との答えだったので、では証拠・証言が出て来るまでどうしたらいいかと考えさせると、やはり勉強に集中するよりしょうがないとなりました。ただ、あまりに気になるので、それを減らすための薬をごく少量出すと落ち着いて勉強に集中できるようになりました。その後、この点についての話し合いを続けると、『今から考えると、勉強ができないのでイライラしていたので、近所から意地悪されていると思った』とのことでした。それ以後は勉強に集中でき、志望校に合格できたとのことです」

【解説】

〈結局、勉強できない欲求不満について、近所のせいにするという合理化をしたということでしょうか〉

「そういうことになりますね。しかし、この理屈は証拠・証言がないので筋が通らないことになるので、周りからは妄想扱いされます。ただ、治療的には妄想と決めつけないで、本人にとっての困った大事件と捉えていく方が、彼が現実感覚を取り戻しやすいのでいいでしょう」

〈妄想ってなかなか改善し難いと思うのですが、この例ではどうですか〉

「やはり現実に大学受験欲求の方が強かったので、そちらの方が勝ったのでしょう」

〈それと妄想の背後にある機制は投影ではないのですか〉

「そうです。その点で合理化は、他者のせいにする投影と似ています。どちらも自分の主観だけを通そうとする姿勢です」

(9) 事例24　二五歳、女性（父の超自我を取り入れ過ぎたうつの取入れ例）

〈それで、次は〉

「取入れという防衛機制です。これは文字通り、主体が幻想的に対象や対象の特性を取り入れて自分のものにすることを指します。取入れは生後すぐに始まりますので、発達的見地から見ても重要です。それは『対象と対象の特性を外から内に移す。取入れの身体的母型である体内化に近い。同一化と密接な関係にある。栄養物を取り入れるだけでなく、乳児は心的なものを摂取する。母子関係が良好であれば、母の思いやり・信頼・愛情を取り入れるが、不良な時は、母の不快感・排除感・怒り・憎悪を取り入れさせられてしまう。従って取入れは早期自我の発達に関係する。また快いものは取り入れ、嫌なものは排出するということで自己の判断の芽生えともなる。超自我の形成も取入れと関係する。取入れは過剰過ぎると自分を見失うという弊害があるので、程々に自分に納得のいく取入れが必要である、といったところです」

【事例概要】

「事例の父はプロテスタント系の牧師で、母も信仰熱心で全体的に宗教色の強い家庭でした。父は根は良い人なのですが躾が厳しく息苦しく感じたりしていましたが、大体親の言うとおりに、良い子に育ちました。大学も校則の厳しい女子大を卒業し、ある大手企業に就職しました。語学に堪能だし、性格も真面目で仕事も一生懸命こなしたため、三年目にはあるチームのリーダーになり、後輩の指導も任されました。

ところが、後輩はあまり言うことを聞かず、仕事も不真面目だし、本人は焦り上司に相談しましたが、まあそんなにカリカリせず適当にやったら、というのですが、彼女はとても我慢できません。それで段々睡眠や食欲に支障が出始め、毎日が憂うつな状態になって来ました。

産業医に相談し心療内科を紹介してもらったところ、軽いうつ状態と言われ、抗うつ剤や安定剤を処方され、おかげで睡眠や食欲は少し回復しました。しかし、憂うつな気分は晴れず気力がわいてきません。それに私の今までの人生は何だったのか、と希死念慮まで湧いてきました。クリスチャンなので実行はしませんでしたが。

しょうがないので、筆者の元を訪れ、この抑うつ感と無気力について話し合いました。彼女は前の心療内科医から、『貴女はべき思考が強すぎるのでそこを弱めるようにと言われましたが、とてもそんなことはできません』とのことです。治療者は《べき思考はいい面もあるからそれは持っておいてもいい》といいながら、うつの原因を探ったところ、どうも『努力すれば必ず結果はついてくる』という思いが強すぎるということを共有しました。

そこで《いくら一生懸命やっても思い通りになるとは限らない。思い通りにならない中で最適の対応をして最悪の行動は避ける、のがいいのでは》というと深く考え込んでいるようでした。

ただその後『先生の言うことはわかるが努力が報われない、ということだけは絶対に許されない』というので《それはそうですよ。ただ報われるということですが、努力して後輩たちが素直についてくることだけが結果でしょうか》と問いかけ、この点について話し合いました。

そして『努力の結果は様々。皆が言うとおりに一生懸命仕事に励むというのも一つの結果なら、そう行かずにもう一度考えなおしてこの際の最適の行動は何かについて熟考しなさいという神のメッセージをもらったというのも一つの結果だと思う。だから努力が悪いということではない』ということを共有しました。そこで適切な行動を話し合ったところ、やはり後輩たちの波長に合わせて、ガミガミ叱るだけではなく、『ここはいいけど、この辺はもう少しこうしたら』と言う接し方がよいということなどを学んだようでした。そして、彼女が言うには、私は牧師の父から厳しさを学んだのはよかったけれど、『思うように行かなくてもかまわない』『努力は様々な結果をもたらすので、どれがいい悪いではなくて、その結果に応じて行動すべきだ』ということは学ばなかったとのことでした。今は柔軟になり、また異性の友達もでき、幸せに暮らしています」

【解説】

〈彼女は父の超自我（倫理的価値基準に従おうとする心の部分）を取り入れ過ぎたということですか〉

「うーん。超自我といってもいろいろありますからね。恐らく彼女は、どちらかというと欲求の少ない方なので、それで困難や苦悩に出会うことは少なかったのでしょう。ただ、今回の場合は、初めての大きな試練だったのではないですか」

〈そうすると、べき思考が良くなかったのでしょうか〉

「柔軟にべき思考を考えられれば良かったのですね。例えば疲れた時は仕事を休むべき、後輩への指導がうまく行かない時は自分の指導法を見直してみるべきとかいったように、その都度適切な対応を考えるなら、べき思考を悪者扱いすることはないですよ」

〈いずれにせよ、彼女は、何事にも一生懸命取り組むという自分の根拠を崩さなくてよかったということですね〉

「そうですね。今までの根拠に新しい視点を入れられたということですね。そして挫折の経験も財産にできたとも言えるでしょう」

⑽ 事例25　三〇歳、女性（母に同一視し過ぎてうつになった例）

〈次はどうなりますか〉

「こんどは取入れとかなり似ている同一視の防衛機制です。これは同一化ともいいますが、文字通り主体が対象相手と同じように考え、感じ、行動する意識・無意識過程です。取入れとの区別は困難ですが、一体化の程度がかなり強いのが同一視ということでしょう。同一視は自我の成長に不可欠で、フロイトはエディプス・コンプレックスや超自我の形成に同一視の働きを見、『同一視は対象に対する感情結合の根源的形式である』『退行の道を辿って、同一視は、対象を自我に取り入れることでリビドー的対象結合の代用物になる』『同一視は性的対象の衝動ではない他者との新たに見つけた共通点のあるごとに生じる』と同一視を三種に分けていますし、娘のアンナ・フロイトは攻撃者に対する同一視としての防衛機制を論じています」

〈要するに取入れも同一視も真似をするということですか〉

「そうですね。相手のいいところを真似して振りをすることから成長が始まりますからね。ただしそれが自分の確立になり、自己の判断・選択で取り入れをする、しないができたらもっといいですね」

【事例概要】

「今度の例は母に同一視し過ぎて自分を確立できないまま、母の急死によってうつ状態になった例です。本人の父はややだらしない人で酒好き・遊び好きであまり仕事をしない人だったので、本人はひどく父を嫌っていました。一方母はおとなしかったのですが、毅然としていたこともあり、そういう父と上手に付き合い、またあまり文句も言わず仕事と本人の養育を淡々とやっていました。

本人はそんな母が大好きで母が生きることの支えのようになっていました。それで、本人は大学を卒業し、対人関係に困難はあったのですが、何とか仕事を続けていました。

ところが、そんな時に母が五七歳で事故で急死するという大事件があったのです。本人は圧倒されてぼーっとしたままでしたが、やがてものすごい悲しみに包まれ泣き暮らす毎日でした。何もする気がなく仕事も辞めてしまい、抑うつ感が強く、死ぬことばかりを考える日々になりました。父親はもともと本人と折り合いが悪かったので地元に帰ってしまっていたため、心配した叔母が本人の面倒を見ていましたが、本人が死んでしまうのではないかと恐れて私の元に連れて来ました。治療者は、本人の話を聞こうとしますが、頑なで心を開きません。それでしばらくは叔母との同席面接が続いたんですが、治療者の方が《推測ですが、母が亡くなった以上、もう生きる価値がない。死ぬしかないと思っておられるのでしょうか》と聞くと、少し頷き、その後は涙が溢れてしまう状態でした。もう少し詳しく聞くと『死ぬのは周りにも迷惑をかけるし良くないと思うが、死にたくてたまらない』とのことでした。自殺に関しては迷いがあるようですが、大変危険な状態なので入院を考えましたが断固拒否とのことです。それなら、通院を提案するとそれには応じました。また夜が眠れなくて苦しく、その時が一番希死念慮が強いというので苦しさを和らげ、睡眠を援ける薬を処方しました。

その後、母との関係を中心にした今までの歴史を聞くと、本人が母にかなり同一視している事情がわかりました。そこで治療者が《母が亡くなった今、自分まで亡くなってしまったということでしょうか》と聞くと大きく頷きました。ただ『これから自分を作ると言っても無理。自然死をひたすら望んでいる』とのことでしたが、母とのことになると夢中で語り続けました。治療者はひたすら聞くばかりでしたが《こんな状態で生きてるって奇跡のようなものですね》と呼びかけると『全くその通りです』と理解されたような喜びの表情を見せました。

その後、通院が続く中、少し明るさを取り戻してきたところで、《亡くなったお母さんは、貴女がどうなることを望んでいるんでしょうね？》と聞くと、ぐっと沈黙したまま『やっぱり、これから普通の人として生きていって欲しいと思っている』ということでした。

そしてしばらくして、長く休んでいた会社へも復帰し、また親しい男性との付き合いも始まり、ようやくうつ状態から抜け出したところで通院は終わりました」

［解説］

〈結局、本人は、母とあまりにも同一視し過ぎていたので、母という対象喪失が自己喪失へと続き、それがうつ状態につながったということですか？〉

「ということですね。喪の作業（悲哀の仕事）が十分に行われなかったようです」

〈でも、通院を続けている間に何とかそれをこなしたということですか？〉

「まあ、そういうことになるでしょうか」

〈それは陽性転移が少し治療者に向いたということですか〉

「まあ、そういうことになりますね。それだけまだ少し柔軟で他者との関係能力というか転移能力があったのでしょう」

〈全員がこううまくいくんですか〉

「いや、自分というものができていない人は、失われた対象にしがみつき、なかなかうつから脱出することが難しい場合がありますね。だから同一視しながら、自分も作っていくという働きが大事ですし、自分がどのくらい同一視しているかを自覚していることが重要ですね」

⑾ 事例26　二四歳、男性、会社員（投影が強く不適応を起こした例）

〈次はどうですか〉

「今度は取入れや同一視と反対の、投影についてです。投影は主に、自己の不快な部分を相手のも

のとして認識すると言われていますが、結構複雑な機制です。その特徴としては、
①普通心理学で用いられるが、神経生理学でも用いられる用語である
②神経学的事象ないしは心理学的事象が場を変え、外部に局在化される作用を指している
③その移行は中枢から末梢へと至る場合もあれば、主体から客体へと場を変えることもある
④精神分析では、主体が自分の中にあることに気付かなかったり、拒否したりする資質、感情、欲望、そして対象すらを、自分から排出して他の人や物に位置付ける作用をいう
⑤投影は太古的起源を有する防衛で、それは特にパラノイアの場合に働くが、迷信のような正常な思考様式の場合にも生じる
⑥この機制は自他の区別がつくところから働きだすと言われている
⑦乳児の場合、欲しい乳房が得られない時の苦痛な体験を、自己の外に存在するものとして認識するようになったと考えられる
⑧幼児は、自己の中にある攻撃性を消化できない為、それを他者に投影し、他者から『襲われる、攻撃される、食われる、呑まれる、殺される』といった恐怖心を抱きやすい
⑨この投影は他責的・他罰的・外罰的傾向になりやすく、これを自覚していないと人間関係でトラブルが生じやすい
⑩しかし、自分の願望を他者に投影して、その他者の恋愛や結婚を一生懸命応援するといったことも有りえる、といったようなことです」
〈要するに、不快なものを吐き出す、それを相手に押し込むといったことですかね〉

「まあ一応そう考えていいでしょう」

［事例概要］

「事例は二四歳男性会社員で、『会社の対人関係で何故かいつも自分だけが悪く言われ非難されるし、上司からも叱責される。どうしてなんだろうか。自分はどうしたらいいんだろうか』といったことでした。事情を聞くと、大学時代までは優秀で学業もスポーツもトップクラスで順調だったらしいのですが、会社に入ってからつまずきだしたということです。それは他者から批判される、上司から叱責されるといった今まで体験したことの無いような出来事で、これは著しく彼の自尊心や自己愛を傷つけて来たようです。彼の様子ですが、例えばある仕事を上司から命令された時、気に入らない仕事は、いろんな理由で断ること、難しい仕事は簡単にできないと言うこと、グループでの仕事がうまく行かなかった時仲間のせいでできなかったと言うこと、客からのクレームに関して客側の態度を責めてトラブルを起こすこと等でした。

本人とこういったことを詳しく検討したところ、『自分が気に食わない仕事を回す上司が悪い』『仕事をやってみてできなかった時はできなくて当たり前。何も叱られることはない』『仕事ができなかったのは、グループの中にできない奴がいるのでそのせいでできなかったのだ』『客の方が間違っているので客にそれを指摘して何が悪いんですか』といったような態度で、随分他責的、他罰的な傾向を持っていました。治療者は《その会社のために努力したいと思っているかどうか》を本人と共に検討したところ、もちろん、自分が会社の担い手になりたいということでした。そこで治療者は《上司から気に入らない仕事を命ぜられたりした時即座に断るのと、これは少し苦手なものですが自分なりに努力してやってみます、と言うのとではどちらの方が相手に好感を持ってもらえるか》といったようなことを検討した時に、人から嫌われない為には『一応やってみます』と言う方がいいということになったのです。

そして、他のことでも『この仕事はこの点で難しいのですが何か対策はないか、と問う方がいい』『仲間を非難することより、とにかくグループでまかされた仕事に一生懸命取り組む方がいい』『客のせいにするより、規則の範囲内でどうすれば客の満足になるか考える方が会社のプラスになる』といったことが言えるようになりました。そして『自分は今まで、人に誉められたことが多く、相手の立場に立つことがなかなかできなかった。不快なことを相手のせいにするより、その場で求められていることを適切に考えること、他者の気持ちを考えることが大事』ということに気付き始めました。そして『こういうことは前からわかっていたつもりだったけれども、批判されるとついカッと来て忘れてしまった』とのことでした。

それはともかく相手の立場にも立つように考え、人を責める言葉や他者のせいにする発言を極力封じたところ、少し会社での居心地がよくなったようです」

【解説】

〈この男性は確かに投影的他罰的傾向を持っているようですが、会社に入ってから気付くことはなかったんですかね〉

「別会社の重役の息子でもあり、今まで評価されていたこともあり、頭の中では他者の立場に立つことの大事さをわかっていても、実際に叱責されたり、客からクレームを付けられたらカーッとなって無意識的に本性が出るんではないですか」

〈彼はこのカウンセリングで投影傾向は治ったんですか〉

「元々の投影傾向はそのままでしょうが、少しそれに気付き、その他責的・他罰的傾向をコントロールしないといけないと感じだしているようです。でも今後を見ないとわかりませんが」

⑿ 事例27　二〇歳、男子大学生（現実を否認する境界例）

「今度は、やはり抑圧と関係する三つの防衛機制（打消し・復元undoing、否定negation、否認denial）を一挙に検討します。抑圧をはじめとして隔離、投影といった防衛機制は全て真実から遠ざかろうという意図を持っていますが、この三つは、直接的に、事実・現実・真実に対して『否』と言っているところに共通点があります。これらの異同がどうなっているか考えるために三つを同時に検討します。

①打消しはやり直しや復元とも言える。打消しは『なかったことにする』という防衛機制です。これは、意識には受け入れがたい欲動・欲求・空想・衝動などに対する防衛が失敗し、一部が意識面に上がった時にその意識面への混入をもう一度否定するという防衛機制です。例えば、他者を責めた後すぐ後悔し『そんなつもりはなかった』というようなもので、本人の懐の浅さを露呈し

ているようなものです。分離や反動形成と一緒に働く防衛機制です。
②否定は、今まで抑圧されていた欲求、思考、感情の一つを表明しているにもかかわらず、主体はそれに属することを否定し、それに対して身を守り続けることを言います。いわば、抑圧という防衛が失敗して露呈しているにもかかわらず、否定し続けるということです。打消しが一度きりですまそうとするのに、否定は持続的に否定し続けるのです。
③否認は現実否認という意味合いが強く、現実検討能力の発達していない子供に多いとされています。否認は、主体にとって不快な内容に関係する内外の体験のすべてを、即座に無差別にかき消す働きを持っていて、否定より強そうであり、否定の方が意識に近そうである、といった感じです」
〈要するに、打消しは一時的な否定・取り消し、否定は一般的な『否』、否認は現実の否認というより頑固な機制だという気がしました〉
「まあ、それが当たっているかどうかは別にして、この否定という機制は厄介ですね」

［事例概要］
「本人は二〇歳の男子大学生ですが、対人恐怖や被害妄想の強い患者で、治療者に当初は万能感的期待を向けてきていました。最初はよく話し積極的に自分の対人関係の問題点（嫌われ恐怖、好かれ願望の強いところ）を見直そうとしていましたが、ある時に『自分の頭がおかしくなった。今出ている薬が蓄積しているせいだ。責任を取って欲しい』と詰め寄って来ました。

そこで、詳しく事情を聞くと、『自分は薬など飲みたくなかったのに治療者が無理やり飲ませた』とのことです。びっくりした治療者は、カルテを見せたりして、投薬は両者の合意でなされたことを説明しますが、『それは後から先生（治療者）がねつ造したものだ』と言って、『自分が苦しいので薬が欲しかった』ということを否認します。

そこで改めて投薬をどうするか考えていこうと言いますと『もう薬物依存になっているので止められない』と自分の責任を否定します。結局、現状維持でいいということで、合意が成立しましたが、何か問題が出て来て彼が不快な目に会うたびに、自分が自発的に治療に取り組み薬の助けも頼んだという事実を否定して、治療者を非難するということが続きました。

ただ、こうしたやりとりが続く中で現実を示し続けることで、薬を巡っての治療者非難は収まりましたが、重要な点に関しての否認は度々出て来て、治療の困難点の一つになっています」

【解説】

〈この患者の防衛機制は、打消しですか、否定ですか、否認ですか〉

「よくわかりませんが、打消しではないでしょう。否の勢いの強さからしたら否認の感じがしますが、別に否定でも否認でもたいして変わりはありません。

むしろ、問題点は、治療状況の良い面は全く否認し、悪い面だけを強調したり、また良い関係になっている時は、治療者を非難したことは忘れているということで、良い部分と悪い部分の分裂（splitting）の特徴が強いようです」

⒀ 事例28　二三歳、女性、会社員（赤ちゃんに退行することで改善した例）

〈この分裂はまた後で説明してください。それで次は〉

「よく見られる退行です。いわゆる子供返りと言われる現象で、何も心の病に限らず、人間が病気になった時は、成人の難しい機能ができなくなり、子供の段階に戻るのはごく自然な事柄です。その特徴は『発達という心的過程において、退行はすでに到達されたある地点からそれ以前に位置する地点への逆方向の回帰を示す。発達の初期の段階への主体の回帰を示す。低い段階の行動様式、表現様式への移行を示す。低次の未分化な機能、体制への逆戻り。性器段階から肛門期段階あるいは口唇期段階への後退。成人の自我から幼児的依存的な自我への退行として説かれるがこの依存欲求は自己愛的に変形されているので対象関係の中であまり満足されることがない。睡眠も退行と考えれば、健康維持のため、是非必要なことである。これは遊びにおいても然りである。退行は治療的退行、創造的退行もあるが病的退行もある』ということです」

〈多様な現象ですが、事例をお願いします〉

【事例概要】

自傷行為、健忘、混迷、摂食障害、嘔吐、パニック発作、抑うつ感、希死念慮、目標喪失等が問題になった二三歳の女性会社員。彼女の両親は二人とも仕事を持っていた為に忙しく、父は大企業の部長でやり手、母は主婦兼塾講師、二人とも教育熱心だが、人を表面的にしか理解できず、目に見えない心の動きを理解するのは苦手だった。本人は、小学校の頃から、空想に耽る傾向がある一方で目立ちたがり屋でもあったらしい。中学校、高校、大学もその傾向が続く。

卒業後、会社で働き始めるが、仕事内容が期待していたものと違い、徐々に落ち込み、手の振戦、不安、パニック発作、情動不安定にて、その土地のクリニックを受診するが十分に改善せず、休職となる。しかし、病状が更に悪化したため、地元に帰る。地元のクリニックに通院するもやはり状態改善せず、子供返り、自傷行為などが出現したため、父が会社の産業カウンセラーに相談した後、筆者に紹介。

【治療経過】

彼女の主症状は、赤ちゃん返り（退行）、自傷行為、不食、不眠、激しいイライラ感などであった。治療者は、本人との面接、投薬、母との面接を中心に様子を見た。

母は、混乱している娘を見てびっくりしたが、治療者の「今まで無理していた反動で、子供返りしているんです」と説明したところ、母も「では私も娘を育て直すつもりで接します」と言い、その通りにしたところ徐々に改善していった。もちろん、その間、拒食、夜間のパニック、暴れ回ること、飛び降り、自傷はあり、母はとても困惑したが、治療者の支えもあって何とかやり抜いた。

本人は少し良くなってくるとともに、写真入りの自分史を作成したり、ピアノや英会話を再開したり、友達付き合いも始められ、自信を取り戻していった。そして一年後には元の職場へ復帰していった。彼女は「今までいい子でいすぎて反動が来た」と言っていた。

事例の症状は、本人の退行が中心で、治療ポイントは甘え直し、育て直し、自分のこれまでの姿勢の見直しと成長、母の成長、父の反省ということだった。症状はそれらを生み出すための必要なパスポートであった。父はこのことで自分のことを反省し、その後、夫婦関係もうまくいっている。

⒁ 事例29　二三歳、男子大学生（暴言・暴力・自殺未遂が出た行動化例）

「今度は、最も悩まされる行動化（acting out）です。特に暴力などの破壊的行動化は大変です。しかし、大変さの強調の前にこの行動化という複雑な機制を勉強していきましょう。

行動化は一応次のように説明・記述されています。

①衝動的で、主体の通常の動機づけの体系とは比較的つながりが無く、主体の欲動の傾向からも隔たりがあり、しばしば自己ないしは他者に対する攻撃性を帯びる行動

②抑圧されたものの浮上のしるし

③治療抵抗の現れだが、本人は気付いていないことが多い

④治療過程で、葛藤を巡る記憶や感情を言葉ではなく行動で表現してしまうこと

⑤面接室外での行動化はアクティング・アウトだが、面接室内の行動化はアクティング・インという。反復されやすいし、転移とも関係するし、分析状況とも関係する

⑥具体的にいうと、陰性感情は遅刻、キャンセル、家庭内暴力（時に治療者への暴言・暴力）、沈黙などに現れ、陽性転移感情は、治療者への恋愛や接触欲求、治療者の代わりとしての人物との

恋愛行為となる。また自傷行為、自殺未遂も行動化の一つである

⑦治療状況とは関係なしに起こる行動化もある（フェニヘルの性格神経症や衝動性障害のこと。現代の境界例やパーソナリティ障害のことだろう）。言葉をコミュニケーションとして使用することを巡る幼児期早期の障害がある

⑧しかし治療状況だけが行動化を起こすのでなく、患者の性格も関係する

⑨また、治療者の行動・態度（厳しい解釈で自己愛が傷つくといったこと。面倒くさそうに対応すること）も行動化を引き起こす

⑩対象喪失体験、分離不安の強い患者も行動化しやすい

⑪行動化は、分析治療、面接治療の主題となる。中立性の元での解釈や徹底操作が必要である

⑫言葉ではなく行為による再現

⑬無意識的な欲望と幻想にとらえられた患者が、現実に現実感覚を持ってその欲望と幻想を生きることを言う

⑭この現実感覚は、患者がその起源と反復的性格に気づいていないだけに、いっそう生々しいものになる

ということぐらいにしておきましょうか。要するに話し合いなぞまだるっこしくてやってられない。とりあえず動くことだ、ということでしょう」

［行動化についての討論］

〈この行動化にはいつも苦しめられます。行動化さえなければ、治療はそんなに大変なことにはならないのにと思うことがあります〉

「ある意味で、行動化のコントロールは、治療の最終目標の一つかもしれません」

〈行動化は結局、想起したくない本能衝動や葛藤が言語的な記憶となることへの抵抗であり、それは想起にまつわる不安・不快、苦痛、危険等の感情の想起への抵抗ですね〉

「まあ、そうまとめてもいいですね。だから治療目標は苦（苦の感情）のコントロールとなるんでしょうかね」

〈それと、行動化が気づかれずに反復されて繰り返される、という点も大変だと思いました〉

「だから、解釈と徹底操作という、共同で『自覚の深まり』を目指すのです」

〈後、行動化の要因についてよく理解しておくことも大事だと思います。これについてまとめてください〉

「攻撃性の増大、遺伝・体質、言語コミュニケーション獲得不全、知能障害、強い不信・不満・自己嫌悪、絶望感、重荷・負担といった先天的・後天的要因と現在的ストレス状況がまずあります。そこに治療が加わると当初は期待（それも万能感的期待が多い）を向けますが、やがて治療者への反発かしがみつきが生じてある種の行動化が必然的に生じ、治療者がうまく取り扱わないとますます行動化をひどくするということになるでしょう」

〈そうすると行動化の要因は、①人間であること、②体質的・遺伝的に攻撃性傾向が強いこと、③

言語コミュニケーション、思考能力が育まれなかったこと、④治療状況で必然的に起きてくる宿命があること、⑤治療者の失敗といったところが一番でしょうか〉

「いやそれだけではないでしょう。患者にかかわらず、人間の攻撃性や不適切な行動化にはもっと様々な要因があるでしょうし、もっと解明が必要でしょう。だって国家レベルや集団レベルで行動化しているところがあるわけですから」

〈行動化に対してはどう対処したらいいでしょうか〉

「こちらが聞きたいぐらいです。行動化はまず予防が大事です。それは『コミュニケーション能力がどれくらいあるかの探索。抽象化能力、象徴化能力がどれくらいか（逆に具象化傾向がどれくらいか）。時に応じて攻撃性や怒りを絶えず言語化し、行動化の禁止を想起させること。治療者への期待と不満を言語化し、治療者もできる範囲をしっかり伝えること。患者を誘惑しないこと、誘惑的表現を使わないこと。あらかじめ、ルール違反、自傷他害のような行動化をしないという約束をしておくこと、ぐらいが浮かびました」

〈では行動化が起きた場合は〉

「まずは、患者・関係者の身体の保護、行動化について話し合う、相手を責めるよりそうせざるを得なかった心情を思いやる、しかし関係が深まっている場合は強く叱った方が良い場合がある等が浮かんで来ましたが、これは怒りや攻撃性に対する対処と共に最も難しいテーマの一つです」

〈行動化って悪い面ばかりなんですか。境界例治療の論文を読むと患者のそういう行動化は禁止すべきと書いてありましたが〉

「私は、必ずしもそうは思いません。例えば、治療中に元気が出てきたり、心境の変化などが生じて、就職、転職、退職、恋愛、結婚、離婚といった重大な決断を伴うことを患者がしようと思う、あるいは迷っているといった場合ですね。その際は、否定的面からだけで見るのではなく患者がそこまで成長してきたのかという視点も考慮に入れる方がいいでしょう。

具体的にはそのように思いだしたきっかけ、今の心境に至るまでの経過を十分に吟味し、そのうえでそうした決断（就職とか結婚）をしようとした場合、私なら患者に『もし就職した場合の最良の結果は？　逆に最悪の結果は？　就職しなかった場合の最良の結果は？　逆に最悪の結果は？　最悪の結果が出ても、失敗しても良い体験をした、と受け止められるかどうか？　最悪の結果が出た時、適切な行動ができ、不適切な行動を控えることができるかどうか』といったことについて話し合います。

それで、本人が十分考えているように感じられたら、支持するし、駄目であっても基本的には『よくやったね』という態度で接します」

〈わかりました。本当に行動化を全部禁止したら、就職も結婚もできなくなりますよね。職や異性を見つけて良くなった例もある訳ですから〉

「そこは難しいところですね。ただ、熟考した上での決断ならそれだけで治療の益になると思います」

〈それでは事例をお願いします〉

【事例概要】

本人は大学四年生の時、すなわち就職活動の際、抑うつぎみになり、就活をしろ、と迫る両親と口論になり、暴行を加えたことがあった。その後親と口をきかず、また家族も怖がって近づかず、たまに外出するだけで大学へも行かず、引きこもりの生活になった。

母はとても悩んで私の元に相談に来た。これまでのことを詳しく語った後、母の要望を聞くと『本人がここのカウンセリングに通って欲しい』ということなので、治療者がそのためにはどうしたらいいか、という話し合いになった。

そうすると、本人がそれをするためには親の意見を聞くという姿勢が必要で、そうなるためには、まず両親（特に母）と本人の関係が良くなることが大事ということになった。更に、そのためには、軽い笑顔で接する、挨拶は軽くする、様子を見て『具合どう』と軽く問いかけるぐらいで返事は期待しない、本人の話はしっかり傾聴する、本人の圧迫になるような質問はしないということが大事となった。母はもちろん簡単に態度を切り替えた訳ではなく、治療者の元へ来て毎回指導を受けるということを繰り返した。本人はそうした母に相変わらず硬い表情を変えずにいたが、ある日、突然『お前のせいでこうなった。土下座しろ』と言われ、びっくりし、慌てて否定すると共に『一生懸命育てたのにどうしてそんなこと言うの』とつい言ってしまった。そうすると本人が激昂し殴りかかろうとするので、急いで逃げたとのことであった。

このことを早速話し合ったところ《育て方が正しかったかどうかは別として本人がせっかくコミュニケーションをしてきたので、否定する前に、もし私（母）の育て方がまずかったのなら、どんな点か教えてくれる、と聞いてもよかったのでは》ということを共有した。

それで、また再び本人に『この前は逃げたけど、今度は逃がさない。育て方が悪かったことを謝れ』と言われたので、母は『どこが悪かったのか教えてくれる』と聞いたところ、今度は前よりはましだったが怒った調子で『そんなもん自分で考えろ』と言われ再び困惑してしまった。

再び、そのことを話し合い、本人の立場に立って、母に考えるように援助すると『ひょっとしていろいろ塾やスイミングスクールに行かせたこと』『本人の意見を聞かずに決めたこと』『本人の行動に干渉し過ぎたこと』などかもしれないという連想がわいたので、本人にそうしたことを伝えると、別に嬉しそうな顔をするわけでもなく、本人は『それでどうしてくれるんや』と再び詰め寄られた。

それについて再び治療者と話し合ったところ、正直に母がカウンセリングに行っていることを話して、本人もカウンセリングに行くように勧める方がいいのではとなった。本人は、最初は拒否的だったが、段々と会うだけなら会ってやろうということになり、母と共にカウンセリングにやってきた。ただ、カウンセリングは母抜きで自分だけで受けた。

本人の話を聞くと、小さいころから学校に行くことや対人関係が苦手だった。幸い勉強ができたので、ごく少ない友達とだけでもやれていたし、大学へ入ってからは集団行動をしなくていいから気が楽になった。ただ、徐々に卒業が近づいてくると就職のことが気になり、自分は社会人にはとてもなれないと感じ出した。理由は対人関係が怖いこと、人前でものが言えないこと、初対面の人が苦手でいつも人を避けていることなどであった。

治療者は《対人関係が非常に疲れるものであること。大変であること》を共感しながら聞いていると、自信の無いこと、常に生きているのが不安で苦しく虚しかったことなどを語り、『もう自分は手遅れ。自殺しかない』と語った。治療者はそう思う心境を汲みながら、《これだけの話を共有して関係や縁ができたので、もう少し話を聞きたいし、次回まで死ぬのは待って欲しい》と言った。本人はその後定期的に通い、母の干渉癖、強迫癖、父が仕事人間でつまらないこと、自分はそんな中で『真の自分を持てなかった』『今どうしていいかわからない』と言うので、《ここでこうやって語ることが真の自分を作ることですよ》《まあ、自分のしたいこと、できること、有益なことをするのがいいとされているけどすぐには見つからないよね》と呼びかけると少しほっとしていた。その後話は歴史や文学の話になり、段々と中国文学や東洋史に興味を持っていることが語られた。それで、東洋史の大学院を受けようという気持ちになって来たので、それを支持した。家でその話をすると父は渋い顔をしたが母は賛成してくれたので、少し母を見直したとのことであった。

ただ、大学院の試験勉強は大変で何度もあきらめかけたが、他に生きる道はないとのことで、見守っていたところ、院試の一か月前に睡眠薬を大量に飲み、リストカットして自殺を図ろうとした。幸い命に別状はなかったが、本人は『大学院の勉強がなかなか進まずとても合格に自信はない。もう死ぬしかないと思った』とのことであった。そこで治療者は《一回で受かろうとせずに何回かけてもいいんじゃないですか》と言うと『いや、親に迷惑かけるの嫌だし』と言ったので、負担にならない短時間のバイトもあると言っておいた。

たしかに院の試験は一回目は駄目だったが、二回目には本格的に取り組み、そのための家庭教師もつけてもらって合格し、今は好きな中国史の勉強をしている。

【解説】

〈彼の行動化は、母への暴言・暴力、治療が始まってからの自殺未遂ということですか〉

「そうなりますね」

〈原因は？〉

「どちらも苦しい状況に置かれ、出口が見えず、理解者もいないといった大変なつらさが原因だったのでしょう。自殺傾向の強い人は他殺傾向も強く、逆も言えます」

〈自殺未遂の時には治療者がいたのにどうしてでしょうか〉

「私の共感が不足していたのかもしれません。また予め、院試の苦しさをわかってあげながら、《こんなに苦しいのなら自殺したくなるけど大丈夫かな》ということを早めに指摘した方が良かったかもしれませんね」

【防衛についての私的感想（防衛は自動反応、防衛機制の自覚とコントロールが大事）】

「さて、次は原始的防衛機制に入りますが何か聞いておくことは」

〈防衛というと何か主体が意志をもって危険から身を護るという意志的反応が強いように感じさせられますが、ここまでの防衛機制を見てみるとほとんど自動的に無意志的に引き起こされる自動反応のような感じがします。全員が煩悩、不安、怒り等といった感情に振り回されている気がしました〉

「そうですね。何か防衛機制というと、意図的な感じを与えてしまうので、自動的恒常性維持反応とでも名を変えるか、今のは長すぎるので、単に自動反応と呼んだ方がいいかもしれませんね。しかし、フロイトが防衛という言葉を使ってしまったのでこれが定着したのかもしれません。ただね、自動反応や自然反応というと、抵抗や転移も同じく自動的に自然に起きる訳ですから区別はつきにくいかもしれませんね。まあ、治療者としては、防衛はほとんど自動的に自然に起きる癖で、なるべくその中の有害な防衛機制（癖・反応・様式）を無害化し、有益なものに転換するように、あるいはそうした反応が働いていることを自覚してもらうことが大事ですね」

〈防衛というと『守る』という意味が強いようですが、今までの例を見ると、こういう自動反応によって却って事態を悪くしているじゃないですか。だから防衛という言葉に抵抗を感じます〉

「ええ、結果的には有害になっているとはいえ、目の前の不安・苦しさを考えられずに、とりあえず間に合わせの必死の行動、一時しのぎ反応、あるいは一時しのぎ的有害反応といっていいでしょう。肝臓が悪く禁酒を命じられている人が我慢できずに飲酒し命を縮めてしまうようなことでしょう」

〈結局、有害な一時的欺き反応、ということでしょうね。もちろんプラスの面もありますが〉

「しかし、パーソナリティ障害や依存症、または慢性のうつ病、境界例、統合失調症などは、一時的というより有害防衛が固定化しているような例がありますがね」

〈そうですね、そんな場合後のことも考えずその防衛を壊そうとすると大混乱になりますね〉

「だから、防衛の良い面もよく考えておくことが重要ですね。いずれにせよ、防衛機制の自覚、そのメリット・デメリットの判断、コントロールが大事ですね」

4　原始的防衛機制について

(1) 原始的防衛機制とは

「今の自動的自然的という傾向は、次に話す原始的防衛機制で一層目立ちますので頭に入れておきましょう」

〈原始的防衛機制ってどういうことなんですか〉

「普通の防衛機制（防衛とは困難な事態に対してとる人間の反応）である、抑圧、知性化、合理化、反動形成、昇華といったものと違って、もっと重篤な病理状態に見られる防衛機制のことです。精神発達のより早期な段階での心的機制といえます。それは、前エディプス期（母子二者関係期）・乳幼児期における不安を取り扱おうとしている心的活動といってもいいでしょう。もう少し歴史を辿ると『フロイトの投影、フェレンツィの取入れ（introjection）、アブラハム[17]の肛門性排出、体内化（呑み込み）、クライン[18]の分裂・スプリッティング、取入れ、投影・投影性同一視、理想化、否認、万能感、躁的防衛、カーンバーグ[19]の高次防衛機制・神経症的防衛機制・原始的防衛機制の区分わけ』となっているようです」

(2) 取入れと排出・投影

〈それでは、その原始的防衛機制の各々について説明してください〉

「各々と言いましたが、個々の防衛が別々に作動しているというより、同時に活動しています。それから意図的というより自動的自然反応だということを忘れないでください。

まず赤ちゃんはすぐにお乳を吸い満足すると笑顔を浮かべます。これは良い対象（乳、乳房）が取り入れられたということで、防衛というより生きる為の必要不可欠な営みです。

また一方で、便や尿が肛門や膀胱に溜まってきて、その身体的苦痛を下腹部に体験すると、その苦痛を排出し、外部の母に受け取ってもらう訳です。おそらく排泄口の穢れもふき取って清潔にしてもらうことで不快排出作業は完成すると思われます。

この時、良い対象を取り入れたという思いや、悪い対象を投影できた（排出物を母にしっかり受け止めてもらった）という思いは、人間の最も原初的な身体的過程と同時に精神的過程だと思われます」

〈子供に母が必要と同時に患者に治療者が必要ですね。それはいいとして取入れや排出は自然現象で生体にとっては不可欠な営みです。これが何故防衛に入れられるのですか〉

「他の防衛機制も全てそうですよ。ただ、過剰に取入れや投影が行われたり逆にほとんどこの二つの機能が働かなかったりする例があるので問題視されたのだと思います」

(3) スプリッティング（分裂、分割）

［スプリッティングの定義（取入れ、投影とスプリッティング）］

〈取入れの後はどうなりますか〉

「次はスプリッティング〔分裂、分割と呼ぶよりスプリット（裂ける、割れる、結合を拒否する）の特徴を際立たせたいのでスプリッティングという用語を使う〕です。何故、取入れと投影の後にスプリッティングが来るかというと、赤ちゃんは快・不快を感じながら、取入れと投影を繰り返し、これがまた快（満足した乳の摂取、すっきりした排泄・排尿）・不快（不満足な摂取・投影）を呼び、再び取入れ・投影をするという循環的行為を繰り返すからです。

そうしながら、快・喜び・安心といった基軸（良い軸）と不快・苦痛・嫌悪といった軸（悪い軸）に、自己の中の心的要素や外的対象が連結・リンクされたり、排除・投影されたりするのです。つまり快感的現象は良い軸にリンクされ、不快な要素は悪い軸につながるという形で、良い軸に凝集するものと、悪い軸に凝集するものにスプリットされていくのです。

それ故、スプリッティング（分裂、splitting）の定義は、『対象及び自己についての、良い幻想と悪い幻想とを別個のものとして隔離しておくこと』『両者の融合を断ち、その両者を分け隔てて触れ合わないようにすること』とされています。つまり、対象及び自己の良い側面が、悪い側面によって汚染、破壊されはしないかという非現実的で被害的な不安のため、両者を分裂した別のものとして分けておくという防衛機制が働くのです（クラインによる）」

〈要するに嫌なものや悪いものを見ないでおくということですね？　赤ちゃんには必要ですね〉

「そう言ってかまわないと思います。境界性パーソナリティ障害や精神病の患者は、こうした幼児的防衛機制に支配されることが多いので、良い部分と悪い部分を結び付けようとすると激しい怒りが生じる時があります。ビオン[20]の言う『連結への攻撃』ですね」


［投影同一視とは？（スプリッティングとセットになって作動）］

〈それで、次はいよいよ投影性同一視の登場ですね？〉

「投影性同一視は、スプリッティングという機制とセットになって作動することが多いのですが、一応定義では『スプリットした自己の良い側面か悪い側面のいずれかを、外界の対象に投影し、更にその投影された自己の部分と、それを受けた外界の対象を同一視する』といった機制であるとされています。特に妄想・分裂ポジション（自己の攻撃性と被害的・迫害的不安が強い早期の発達段階）で起きるとされています」

〈もう少しわかりやすく説明できませんか？〉

「そうですね、例えばこういうふうに言いましょうか。『自己の願望や衝動や怒り、絶望などといった気持ちを対象に投射し（投げ入れ）、それを対象の側のものとして認知し、それに対応することで自分の願望や衝動や敵意を支配しようとする』といったことでしょうか。つまり、相手の気持ちを勝手に先取りして満たしてしまうとか、自分が相手（治療者や家族等）に対して敵意を持っている時、相手が自分の方に敵意を向けていると被害的に解釈し、その被害感を相手に向けるといってもいいでしょう」

〈そうすると、患者の相手に対する期待感、被害感等には、この投影性同一視が入っていると考えられるんですね？〉

「もちろん、そういうことです。アラジン[21]の魔法のランプ願望です」

〔投影同一視の三段階（苦の移し替え、期待の移し替え）〕

〈この投影性同一視を段階に分けて説明してくれますか？〉

「一応三段階に分けてみましょうか。といっても三つは同時に起きるものですよ。

①自分の怒りや絶望（悪い側面）を家族（治療者等）に向ける

②その結果、両親像や治療者像は極端に悪いものになる

③自己と対象（両親や治療者等）を同一視するために、自分は自分の中の怒りや絶望を放っておけないとき、自己を処罰したり自己に絶望する代わりに、対象を攻撃したり、非難する

つまり自分で葛藤したり悩んだりできないので、それを周りに移し替えるということです。

だから、『苦の移し替え』といってもいいかもしれません」

〈期待の移し替えは投影同一視にならないんですか〉

「なります。その機制は『患者が治療者に、苦痛を除いて楽にしてほしいと期待する↓治療者は万能視され何でもできる人と見做される↓そうして期待を向けるが現実と違うので治療者に失望する↓その失望感をまた治療者に向けて治療者を責める』ということになります。正に相手を神・全能者に

見立てて奴隷のようにこき使うといったアラジンの魔法のランプ願望です」

〈そうすると治療関係はいつも激しい緊張に満ちたものになりやすいですね〉

「そうです。投影同一視の激しい患者を受け持って体調不良になる治療者は多いです」

[投影と投影同一視の違い]

〈結局、自分の気持ちと他者の気持ちが区別できていないんですね？〉

「そういうことになります。重症の境界例になるとそもそもそういう区別が大事であるということすら理解させにくい場合があります」

〈ついでに投影と投影同一視の違いを教えてくれませんか？〉

「投影は、自分の心の内面を、対象（他者や物等）に投げ入れるということですが、大抵は、投影して（投げ入れて）それで終わりとはならずに、その投影したものを、気にしてしまう、つまり同一視してしまう傾向が少しはあるんです。そして、投影だけでなく、同一視の傾向が強ければ強いほど、投影同一視と呼ばれるのです」

〈そうすると、投影と投影同一視は連続的なもののような感じがしたんですが、それはどうでしょうか？　それと投影って極めて自然に起きる現象ですよね。例えば、ある花を見てきれいだと思ったり、ある人を見て怖いと感じたりするのも、自分の主観的な気持ちを、対象に投げ入れているわけでしょう。そうなってくると、投影って極めて自然な営みと思われるのに、何故病的扱いされることが多いんですか？〉

［投影の例］

「もっともな疑問だと思うので、例を挙げて答えたいと思います。

第一例として、ある人が相手に対して怒りの感情を持っているとき、それが相手に投影され、相手の方が自分に怒りを向けてきているんだと感じたとします。しかし、その時『(相手から) 怒りを向けられることがあっても、それは人間社会で生きているとありがちなことなのでまあいいだろう。それはそれで受け止めて、自分はそんなことにとらわれずにもっと大事なことをしよう』と考えられると、それは投影ではあっても、そんなに対象にこだわっていませんから、投影同一視とは言えないわけです。それにこの程度だと自分もそう苦しまないし、周りにもそう迷惑をかけることもないので、健康な投影と言える訳です」

［投影同一視の例］

「第二例ですが、これが第一例のようにならずに『自分は相手から怒りを向けられている。怖くてしかたがない。この怖さや相手からの怒りがなくならないと、どうにもならない』と考えさせられてしまって、相手に対する恐怖感や被害感や被害妄想を訴え出したりすると、病的と呼ばれる状態になり、この場合は投影同一視がかなり働いていると言えます。というのは、相手に押しつけた怒りと、自分の気持ちを同一視するために相手からの怒りをほっておけなくなってしまうからです。

更にもっとひどくなった第三例を挙げると、『自分は相手から怒りを向けられ、嫌われている。自分はそれに耐えられない。相手（例えば家族や治療者）に文句を言って謝ってもらうなり、責任を追求したいし、相手の本心を聞きたい』と考え、しつこく相手につきまとい、相手を追求し続けたりすると、この投影同一視は相当激しいということになります。境界例の投影同一視は、この三例目に当ることが多いのです」

〈結局、投影同一視の傾向が強ければ強いほど病的な投影になってくるといってもいいですね〉

〔健全な投影同一視（コミュニケーションや思考の基礎）〕

「その通りだと思います。ただ、更に複雑になりますが、投影同一視といっても、病的な投影同一視だけではなく、健全な投影同一視（共感、思いやり、コミュニケーションの始まり、思考の基礎等）もあるということを認識しておいてください」

〔病的投影同一視（アラジンの魔法のランプ願望）〕

〈逆に病的投影同一視は、勝手な思い込み、先取り、期待し過ぎ、被害感、見捨てられ感、裏切られ感、支配され感といったことが過剰になったり、またそれがコントロールできなくて、自傷他害の行動化を繰り返して、治療者を悩ますということになるのでしょうか〉

「そういうことになるんでしょうね。例えば、相手を神のように万能視して奴隷のようにこき使うという『アラジンの魔法のランプ願望』の行為化などはその典型になるんじゃないですか」

［病的投影同一視と神秘的融即］

〈こういうふうに、病的な投影や不健全な投影同一視になっていく原因としては、自分と他者（相手）の気持ちをそれぞれ区別して認識できていないということが挙げられるんですね？〉

「そうだと思います。区別・認識が弱いほど、自他の感情が融合され、投影同一視と呼ばれる現象が起きてくるのでしょう」

〈でも、この自他融合現象って境界例以外でも見られるように思いますが？〉

「そうですよ。例えばユング[22]の言う神秘的融即もそのひとつですね。人は、この状態にあるとき、自分とものとの区別がとれない関係になっているんです。ユングは、境界例という概念（最初は一九四九～五三）が出てくる前、すなわち、一九一二年以降から、人間同士の間に起こる影響や関係をこの神秘的融即という言葉を使って記述したんです」

(4) 投影同一視について

［投影同一視（カーンバーグの例）］

〈投影同一視というのはやはり不思議な現象です。まだうまく摑めません〉

「それはおそらく人間のコミュニケーションがあまりに複雑で一言では解明できないような多様さを秘めているからだと思います。だから、この投影同一視ということを研究することで、人間のコミュニケーションについてもっと深い理解が得られるかもしれません」

〈是非そうしてください〉

「ではいくつかの例を挙げていきましょうか。まずカーンバーグは治療契約の時に投影同一視が作動してしまう例を挙げています。

ある女性境界例患者ですが、『自己愛的期待』（自分が何もしなくても多くを与えてもらえる）と『根強い不信感』（ひどい扱いを受けるから治療者から自分を守らなければならない）の間を揺れ動いています。彼女は、治療契約上の要請（大人として振る舞うこと）に強い脅威を感じ、直ちに原始的防衛機制が作動します。彼女は治療者に『私が自分の振る舞いを変えるなんて期待する方がおかしいんです』と言う形で、『治療者であるあなたは私に不合理な要求をしている』ということを伝えたいようでした。つまり、治療によって振る舞いの変化を期待しているのは患者の方なのに、治療者がそういう期待を私（患者）の方に投げ込んできている、といったことを伝えようとしている、ということです。つまり彼女が治療者に自分の期待を投影し、彼女の振る舞いを変化させようとしているのは治療者だとすり替えている訳です。そして振る舞い変化という大変な作業の不快感を支配し、治療者のせいにしているといえます」

〈それはわかるんですが、治療者自身の中にも、もともと彼女の振る舞い変化という要求があるんでしょう。彼女が全面的に投影したわけではなく、治療者の中にも少しはそれが存在しているんでしょう〉

「そのとおりですよ。しかし、治療者の中には、彼女が契約を守って振る舞いを変化して欲しいという願望の方が強いでしょうから、その辺が違うんでしょう」

〈治療者はどうしたんですか〉

「単に『契約事項が満たされないと治療は不可能です』と返しただけです。契約の時に、守れないといってそれを通してしまうと、治療者は不可能を可能にする魔術師に仕立てられます」

〈境界例治療って最初から重大な作業が詰まっているんですね〉

「それは、境界例に限りません。どの事例でもそういうものです」

【投影同一視（佐藤五十男の例）】

〈投影同一視ってやはり複雑ですね。何やらあらゆるコミュニケーションがこの要素を持っているような気がしてきました〉

「それはそう思っておいていいと思いますよ。ただそれが激しい例とあまりそういう要素を感じない例との区別は大事ですが」

〈次はどうなりますか〉

「次は佐藤五十男の例です。

治療者佐藤は、二二歳の強迫神経症の男子患者の治療中に、患者が症状にまつわる不安と苦悩を繰り返し訴えるものの、治療者はその苦悩を実感を持って把握できなかったということを報告しています。彼は治療中、ニヤッと笑いながら『今更そんなわかりきったことを言うのか』と治療者を見下したような態度を取り、治療者は馬鹿にされたような感じになったということです。

治療者は、侮蔑されているという不快感を感ずることを伝えると、彼は以前からそういう癖があるので、馬鹿にしていると取られるのは心外だと答えたため、治療者はとても意外な感じがしました。しかし、その後かなり話し合った後、無意識に治療者を見下していたこと、それによって治療者を手掌に載せているという幻想的な優位感を抱いていたことが明らかになりました。佐藤は、このことを、患者は嘲笑と見下す態度でもって治療者の中に自信の無さ、無力感、不安、萎縮した感じを引き起こし（これを投影同一視と呼ぶ）、それによって同様の自己の隠された側面を感じないように防衛していた、と要約しています。こうした投影同一視に治療者が気付くことで新たなことが発見されて治療が進んだということです」

〈何か聞いていると、結局は、患者・治療者は、というより二人以上人間がいると、主体は相手に投影したり取り入れたり、また同一視したり外在視したりするということですかね〉

「そういうことですね。いずれにしろ両者の間で何が起きているかの把握が大事です」

【逆投影同一視】

〈それから思ったのですが、治療者の方も投影同一視が作動するんじゃないですか？〉

「その通りですね。グリンベルグ[23]によれば『治療者は投影同一視を理解し治療的に利用することが時にできずに、患者が防衛的な目的で押し付けてくる内的状態を受身的に取り込んでしまう場合もある』ということで彼はそれを逆投影同一視と呼んでいます。そして、これをラッカーのいう相補型同一視、相補型逆転移と似ていると考えているようです」

〈治療者が逆投影や逆同一視をしても当然で、結局はそういったことを治療者がどこまで理解して

治療に使えるかですね〉

「理屈はそうですが、それが難しいんです」

(5) 投影同一視の扱い方

【有害な投影同一視から有益な投影同一視へ】

〈随分詳しく教えてもらいありがとうございます。投影同一視が有効な面があることが確認されて嬉しいです。投影同一視が有害にならずに有益になるにはどうしたらいいんでしょうか〉

「治療者としては、投影同一視も逆投影同一視もわかっていること、そしてどんなことがコミュニケーションされているのかを見抜き、大事で有益なことを患者と二人で共同探求していくこと、また有害な点を自覚してそれを避けることです」

〈結局、無意識の意識化と同じく投影同一視の自覚と理解の共有ですね。これについてもう少し具体的に例を挙げられませんか〉

【カーンバーグの場合】

「ちなみにカーンバーグは、原始的防衛機制（その中核が投影同一視）の支配性から脱した兆候を次のようにまとめています。それは『行為化の減少と言語化の増大（表現を援ける工夫）、予測能力の高まり、原始的理想化から現実の直視へ、他者や自己のより詳細な描写、治療者の治療への寄与を素直に認める、治療者と共有した歴史の想起能力の増大、様々な情緒状態の連続性の獲得と突然の変化の減少、自律的な作業能力の増大、新しい秘密の誕生、告白』です」

〈これって、心理療法の目標と同じですね。それでどうしたらそうなるんですか〉

「上記のことを念頭に置きながら、相手の話や感情に波長を合わせ、治療ルールをしっかり守り、話し合い・コミュニケーションを続け、抵抗や転移が役に立つように努力していくことをしているとそうなります」

〈最も気を付けなければいけないことは〉

「治療者も無意識や自動反応に心をとられて道を外したりルール違反を認めたりということがありますから、自分の動揺・不安といった逆転移に常に注意して、それを冷静に活用することです」

(6) 事例30　三〇代、女性、教諭（治療者に不満をぶつける投影同一視の例）

〈それでは、投影同一視の例を挙げてください〉

「事例の女性教師は、疲れやすい、頭が回らない、気力が湧かない、周りから駄目教師と言われているのではといった不安、同僚への不満などを猛烈にぶちまけて来ました。

その時、治療者は、患者が耐え難い内容や怒りを放り込んできている、投影してきているという感情を持ち、うんざり感と大変だなという共感が湧いてきました。

そうすると、早速彼女は『先生（治療者）は私の話を聞いてうんざりされているんでしょう。前の先生たち（治療者たち）もそうでしたから』と早速投影同一視を向けて来ました。

これを聞いた私はたしかにうんざりした感じを押し込まれた（投影同一視された）感じがして彼女のうんざり感を感じていたので、患者の鋭さにびっくりしました。しかし、もう一方で、何かこの患者の援助ができたらという気持ちも働いていました。つまり二つの逆投影同一視が私の逆転移の中で作動していたのです。治療者である私は慌てて《そんなことはないですが、それよりも貴女のほうがよっぽどうんざりして疲れ切っているのではないですか》と治療者は理解・共感をこめて返しました（ここで治療者がうんざりしているということを示すのが治療のプラスになるかどうか自信がなかったので、治療者のうんざり感は出しませんでした）。

すると『そうなんです。大変なんです』と言いながら、現代の教師の忙しさ、同僚の不親切さ、管理職の理解不足についてもかなり非難してきました。それに熱心に耳を傾けていると『先生、いったいどうしたらいいんでしょうか。前のカウンセラーにそれを聞いても黙ったまま、困ったわね、と言うだけなんです。先生だけが頼りなんです。何とかしてください』と、今度は解決という期待、または前のカウンセラー以上のことをしてくれという要求、万能感的期待を投げ込んできた、つまり再度投影同一視してきたように感じました。

それを受けた治療者は、彼女の期待や再度の投影同一視を感じながら、そんなことを言っても解決する主役は貴女にあるんですよ、という逆投影同一視（逆転移の一つ）を感じ、そしてそれを治療に生かそうとして、《この問題を共に話し合って解決していきたいです。だからその為に、貴女が一番どうなればいいのかということや、どうなることが心配なのか、ということを聞きたいです》と返しました。患者は、最悪は自殺や身体的重病になって立ち直れないこと、教師を辞めることだと言い、最良は思いつかない、ということで『先生は私がどうなればいいですか』と、また解決役を押し付けて来ました。ここで治療者は、辟易感という逆投影同一視を感じながら、この患者が自分の問題は自分で解決できるようになる方がいいとの逆投影同一視も感じたので、まずは《楽になるのが一番いい》と答えました。

それに対しては更に『楽というものがどういうものかよくわからない』と再度移し替えたので《つらさが少しでも減ることです》と返しました。そしてつらさは一人一人によって随分違うので、あなた自身のつらさを探ることが大事です、ということが共有できました。

その後も幾多の応酬があったのですが、彼女は『結局どれをとってもつらいということ』『その中でまだましなのは、過度に潔癖にならずに程々にすること』『周囲からの評価は少しぐらいは気にする方がいいが、気にしすぎて振り回されることがないこと』『管理職には少しぐらいは自分の癖を言っておいてもいいが過度に依存的にならないこと』『適度に休暇をとること』というのが、まだしもましなつらさだということになり落ち着きました」

【解説】

〈この例の投影同一視と治療者の逆投影同一視について教えてください〉

「まず、彼女は様々な理由で、学校の勤務にうんざり感を感じています。それをひとりで持っていくのは大変なので、治療者にそれを投影し（投げかけ）、投げかけられた治療者と自分を同一視します。また、その時にこのうんざり感、大変さが治療者をうんざりさせて見捨てられるのではという心配や、逆に受け止めてくれて理解共感してくれるのではないかとも期待するなど、治療者に意識的・無意識に様々な気持ちを投影し、その投影内容と同じ側面を同一視するのです。

治療者は自然にそのうんざり感を感じさせられ、それを放り出したくなるという逆投影同一視にかられましたが、彼女の助けになりたいという治療的な逆投影同一視の方が優ったので共感的態度をとったのです。こういうのはおそらく健康的な逆投影同一視だと思われます」

〈続いてはどうなりますか〉

「続いての『何とかしてください』は意識的無意識的に治療者に期待を投げかけ何とかしてくれる期待とそうしてくれる治療者と自分を同一視しています。しかし治療者は投げかけられた期待に、そんなことは本来自分で考えることだという気持ち（逆投影同一視）が湧き患者をしてそう考えてもらえるように期待する気持ちを込めて（投影して）《貴女はどうなるのが一番いいのか》というように質問返しをしました。これは治療者が自分の逆投影同一視をそのまま出すと、相手は受け止めきれないだろうという配慮（もう一つの逆投影同一視）が働いたので穏やかな表現をとりました。その結果、彼女は解決に向けてまたコミュニケーションを開始しだしたのです」

〈こうなってくると何か人とのコミュニケーション自体が、投影したり、取り入れたり、同一視したり、投影同一視したりということで、いつも気を付けている必要があるようですね〉

「いや、投影とか投影同一視という言葉をわざわざ使わなくても、二人の間に何が起きているか考え、なるべく良いコミュニケーションをしようと考えていればいいんじゃないですか。投影同一視という概念はそのコミュニケーションがどういうことになっているかを理解するための枠組みに過ぎないからです。だから投影同一視や逆投影同一視を勉強し尽くした後、それに捉われない態度が大事ですね」

〈それはいいですが、こんな患者に対するうんざり感や怒りはどうしたらいいんですか？〉

「うんざりするというのは『治るとはつらさがなくなること』という思いに支配されるから、患者・治療者・治療空間がうんざり感で彩られるのです。だから、つらさを抱えながらどうするのが最良かを、治療者が基本に置くと、治療空間が治療的になり、患者も前向きになります」

【要約】

〈最後にもう一度投影同一視の役割とか動機について整理してください〉

「ローゼンフェルトが以下のように投影同一視の動機を要約しています。それは『コミュニケーション、望ましくない部分の排泄による心的現象の否認（対象との融合ないしは混同を招くような全能的侵入、対象の中で受身的に生きる具象的幻想→寄生、対象と自己が一体であるという確信→共生、子供の頃に暴力的な侵入によって生じた緊張の追放）、対象の心身のコントロール、対象の認識と同一視による共感、というように分けています」

〈この理解を基になるべく良きコミュニケーション、良き投影同一視ができればいいですね〉

(7) 事例31　一八歳、女子高校生（原始的理想化と脱価値化）

【原始的理想化と脱価値化】

「次は、投影同一視の一つの種類ですが、理想化と価値下げです。それはセットになって作動しますが、理想化はある対象の質と価値が完全であると思い込んでしまう心的機制です。原始的というのは、全く現実を無視した万能感的期待という意味合いを含んでいます。脱価値化は価値下げとも言われますが、理想化とは逆に対象や自分を全く駄目で価値の無いものと見做してしまうことです。両者はころころ入れ替わりますが、うまくいけば、現実の中で程々の理想化と価値下げを獲得し、公正に正しく現実を見ることができます。

【事例】

事例は高校三年の女子で、不登校が長く続いている境界性パーソナリティ障害の患者です。彼女は抑うつ、不眠、イライラ、パニック発作、リストカット、大量服薬に加え家庭内暴力、器物損壊なども加わる典型的な境界性パーソナリティ障害の患者でした。

今まで何人かの精神科医やカウンセラーにかかりましたが、いずれもうまく行かず喧嘩別れしていきます。その彼女があるカウンセラーの紹介で私（治療者）の元にやってきました。事情を聞くと、上記の症状と今までのつらかったこと、自分なりの外傷体験、不満の多い生活史を語りました。話がなかなか切れないので困っていましたが、一瞬の隙を捉えて《それで、このクリニックに望むことはどういうことですか》と聞くと、怒ったように『これだけ聞いたらわかるでしょう』と言って、その質問に答えず自分の苦しさ、つらさをまとまりのないまま話し続けます。

ただ、治療者がしつこく求めるものを聞いたので、やっと『それは治して欲しいんです』とだけ言います。治療者が治癒の中身を聞くと、少しの沈黙の後『この苦しさが楽になり少しでも幸せになりたい』と言います。そこで楽や幸せの内容を聞くと、はっきりしません。それで、治療目標を《幸せや楽が増え、苦しさの減少》とすることで一致しましたが、苦しさを治療者が取るのではなく本人が引き受けること、という点に関してはすごく怒りだし『ここが最後の砦だと聞いていたのに、そんなことを押し付けるあなた（治療者）は最低です』と言って出て行こうとしました。これは原始的理想化・万能感的期待（治療者が苦しさを全部取ってくれ楽にしてくる）を向けていたのにそれが裏切られ、一挙に脱価値化して最低の治療者と見做して出て行こうとしたのです。

慌てた母親は必死になって止めましたが、治療者はそのままにしておきました。そうすると一週間経ってやってきました。話を聞きますと、『あれから先生（治療者）の本（『境界例の治療ポイント』）を読んだら確かに、苦しさは自分で引き受ける、ということがわかった。もう一度治療してほしい』とのことなので、何回かの予備面接の後、細かく治療契約を結び面接治療を開始しました。ただ、万能感的期待はかなり強く、自分の思い通りに行かない時は怒りや暴言を向けてきたり、キャンセル、遅刻も多く、また自傷行為も何回か見られました。

治療者の方は何度もその時の気持ちを表現させ、行為を起こす前に予測する練習をし、人間や物事を見るとき詳しく見るようにさせ、行動を決定するのは自分であること、行為化の責任も自分にあることを認めさせる作業をし、要するに苦を引き受けるのは自分であるということを繰り返し自覚させました。その結果、二年ほどで高校を卒業でき、音楽系の大学に行くことになり、今は落ち着いていますが、困ったらすぐに相談に来ています」

【解説】

〈こんなに最初から原始的理想化を示す方がいるんですか〉

「数は少ないですがいますね。彼女は私に会う前から理想化していたのではないですか」

〈彼女が退出する時止めなくていいんですか〉

「止めたっていいでしょうが、後でもっと厄介なことになると思ったから止めませんでした」

〈自殺や事故の心配はどうなんですか〉

「少なくとも初回での自殺は、私の経験ではまずありません」

〈境界性パーソナリティ障害の方は必ず原始的理想化が出てくるんですか〉

「境界例に限らず、ほとんどの症例で出て来ます。ただ、境界例が劇的だから大変なのです。だから、いつでも原始的理想化を投影同一視されていることを忘れてはなりません。そして現実認識を得させながら、悪性の投影同一視を良性の投影同一視に変えるようにしていけばいいのです」

(8) 事例32 三〇歳、女性(躁的防衛)

「次は、よく見られる躁的防衛という防衛機制です。これは、抑うつや不安を防衛したり、否認したりする機制です。躁的防衛はやはり原始心性に近く、万能感、対象のコントロール、脱価値化(軽蔑的)、対象への勝利感、征服感といった心的活動や情緒からなっています。

【事例】

事例は三〇歳の女性で、前から循環性格、同調性性格の傾向の強い人でした。すなわち人当たりが良くて活動的なのですが、すぐに落ち込みやすいところもあるので、周りにそう嫌われないまでもどこか信頼できないといった心配がありました。そんな彼女が少し難しい労力のいる仕事を頼まれたのですが、彼女は精いっぱい頑張ってやり遂げたのです。しかし、かなり疲労が激しかったのか、それでうつ状態になりすっかり落ち込んでしまいました。

それでしばらく休業加療となったのですが、ある程度休むとエネルギーが回復しそのまま復職となりました。復職すると前休んだことが嘘のように一生懸命頑張り始めました。周囲は大丈夫かなという目で見ていましたが、彼女が熱心に働くのでいつしかそれは忘れられがちになりました。また忙しいこともあって、上司はかなり労力のいる仕事を本人に頼んだところ快く引き受けてくれてほっとしていました。

そして一生懸命取り組んでいた彼女でしたが、今度は仕事半ばで疲労と集中力低下を来し、仕事が進まなくなりました。焦った彼女は残業したりして頑張りますが進みません。次第に焦りと苛立ちと不安がひどくなりついには眠れなくなって来たのです。

結局うつ状態の再発ということでまた休むことになりました。ただ休むとほっとするのか薬のせいもあってよく眠り休養を取っている間に元気が出て復職希望を出してきましたが、今度は治療者の方が再発の要因に焦点を絞って話し合いを開始しました。

そうすると彼女は『実は今回復職した時も本当は心配だったけどそんなことはないと言い聞かせていた』『復職して頑張っている時無理しているのではという不安がよぎったが考えないようにしていた』『上司から仕事を頼まれた時本当は断りたかったのだがそれが言えず引き受けてしまった』というように、不安や疲労感を否認する傾向にはっきり気付き始めました。

そして、この傾向は頑張り屋だった父から受け継がれた性質で、頑張りが評価されることが生き甲斐であることに気付いていったのです。治療者は、本人の頑張り傾向や熱心さを評価しつつ、《それが長続きするには、程々の頑張りと熱心さで、疲労やうつにならないようにするといいね》と伝え、十分それが自覚された時に復職の許可を出しました。その後、彼女は慎重にはなったものの頑張りすぎの傾向が出たりもしましたが、今度は倒れる前に治療者に相談したりして、業務量を考えたり薬を調節したりして休むことはなくなりました」

【解説】

〈問題は躁的防衛というより、不安や不快感の否認の方のような気がしました〉

「そうです。だから否認に気付くことが大事なんです。人間は不快なことに気付く抑圧を筆頭に様々なものを防衛するのですが、この否認となると、不安や抑うつといった現実的事象まで否認するのです」

〈抑圧の防衛だとどうなるんでしょう〉

「不安や何かを違ったものに置き換えたり、抑え込んだりするでしょうが、比較的簡単に抑圧しているものに到達しやすい印象をもちますがどうでしょうか」

〈そんな気がしますが、もっともっと勉強せねばと思います〉

「それと、躁的防衛といった不適応になるような防衛機制は取らないように思いますが」

〈それなら反動形成はどうなんでしょう。躁的防衛は不安やうつを否認した反動形成と言ってはいけないんでしょうか〉

「そう言われればそんな気もしますが、どっちにしろ、見かけにとらわれずに、裏にある核心的なものに関心を向けておきたいですね」

［要約　防衛機制の勉強の意義］

- 患者の核心的問題点に到達できる
- 防衛機制を知ることでその防衛機制の背景を知り全貌的理解がしやすくなる
- 全貌的理解は今後の適切な道を示唆してくれる
- 防衛機制に振り回されず、防衛機制をうまく使える

第5章

心の病は治るのか？
（治療妨害要因と治療促進要因の永遠の闘い）

1 治療妨害要因（治りにくいのは人間の本性）について

(1) 陰性治療反応や死の本能の正体

〈最後に一番肝心な問い、果たして心の病は治るのかということを聞きたいのですが、その前に気になることがあります。それはフロイトの言った陰性治療反応や死の本能の概念です。この二つを考えると、フロイトは治療に悲観的、もっと狭めた言い方をすれば治らない人もいるということではないですか。現に精神分析家達は『これは分析不能（つまり治療不能）だ』と言っている人が多いように思われるのですが〉

「それは治る・治らないの二分法で考えるからです。人間はどうやったって不完全で病的なところは残りますから、治癒とは一種の理想型です。現実には完治はありえず、人間は永遠の寛解状態です。我々は、治癒段階上昇に向けてできること、有益なことをしていくだけです」

〈もう少し詳しく言ってくれませんか〉

(2) 治療の現実（治療妨害要因、人間の業の深さを踏まえておく）

「要するに、治療というのは常に治癒段階の上昇を目指しながら、どうしても治癒段階の下降にも足を引っ張られる。しかし、それでも、回復、レジリエンス、再生、上昇を目指す。結局、治療というのは、治療妨害要因と治療促進要因の永遠の闘いです。

そしてこの二つの要因は、患者はもとより家族・治療者・環境（社会・世界）の四者がそれぞれ持たされている非常に根深いものなのです」

〈では、治療促進要因を増やして、治療妨害要因を減らせばいいんですね〉

「理屈はそうですが、そんなに簡単に行くものではありません。どれくらいそれが難しいかは既に記述していますが、もう一度それらを復習しながら整理してみましょう。特に治りにくくしている治療者側の要因も詳しく探っていきましょう。まず治療妨害要因の探究に向かいましょう。治療妨害要因から始める理由は人間の治りにくさ、業の深さにまず目を向けていく方が、それに対処しやすくなるのです。患者の治りにくさに十分な理解のある治療者ほど現実から目をそらさないで、一番適切な治療的対応ができるのです」

2　個々の治療妨害要因

(1) 患者側の治療妨害要因

【人間の基本的弱点】

〈治療を妨害するものって抵抗だけなんですか〉

「主には抵抗なんでしょうが、根本には人間的弱点というか根源的煩悩というか人間の良くない癖・有害な点が非常に大きく広がっています。いわば抵抗を生み出す根本のようなものです。それは今までに挙げた抵抗と重なるかもわかりませんが、思いつくまま挙げてみます。

・気づき・自覚の妨害（特に自分の弱点、欠点、煩悩・欲求、防衛機制、攻撃性、恥等の無自覚）
・自分を大事にしない（過剰で破壊的な自己否定、不規則・不健康な生活、自己破壊傾向等）
・不健康な自己愛（不適切で過剰な自己中心、他者配慮性の無さ、過剰な万能感・称賛欲求等）
・破壊性や怒りのコントロールの無さ（常に思い通りにいかないと不満。破壊行動）
・相互性や対話力の無さ（対話困難。理解可能な話し方が困難。質問に答えない。討論不能）
・その他の主要な弱点

現実認識ができていない。自己愛的幼児的万能感が強くそれを自覚・コントロールできない。相手を自分の思うように動かそうとしやすい。目標を持てていない。自分の『したいこと』『できること』『有益なこと』がわかっていない。わかっていても実践できていない。予想をして行動しない。行き当たりばったりである。常に不平・不満を言っている。苦を受け止められない。あることに過度に捉われすぎている。逆に過度に無頓着である。すぐ行動しない。グズグズする。決断できない。悪いほうばかり考える。逆に良いことばかり考える。目先のことしか考えない。瞬間に釘付けになる。広い長期的視野で考えない。ということぐらいで止めますが、おそらく挙げだしたら無限に多くなってしまうと思います」

【人間に弱点の多い理由】

〈何故、こんなに人間って弱点が多いのでしょうか〉

「まず人間として生まれてしまったら様々な欲求を持たされているということでしょう。欲求・欲動・欲望という言葉に反発を感じる人は、希望・理想・願い・祈りという言葉に言い換えてもいいかもしれませんが、いずれにしろ何らかの方向性へと向かうベクトル（フロイトの言う欲動）を持たされています。

例えば、生まれた時から順番にその欲求を挙げていくと、腹いっぱいオッパイを吸いたい、清潔でいたい（汚れたらオムツを早く変えて欲しい）、側にいて欲しい、（不快を感じたら）噛みつきたい、何でも手に取りたい、等々乳児期でも多くの欲動を持たされています。

そして大きくなるに従い、誉められたい、叱られたくない、両親から愛されたい、良い友達が欲しい、友達より優りたい、勉強でもスポーツでも一等になりたい、何かを達成したい、先生から評価されたいから、注目されたい、異性の友達が欲しい、性的欲動の自覚、恋人が欲しい、いい学校に入りたい、知識を身に着けたい、運動が上手になりたい、車が欲しい、旅行したい、いい仕事がしたい、困っている人の役に立ちたい、家が欲しい、賞が欲しい、有名になりたいなど、それこそもっと無限の欲求が出てくるでしょう。

老年期になれば、健康でいたい、早く病気が治って欲しい、長生きしたい、死ぬ時までにいろんなことを済ませたい、死ぬときは安楽な気持ちで死にたい、苦しまずに死にたい、極楽や天国に行きたいといった具合です」

〈人間の一生が欲望の歴史であることはわかりました。でも引きこもっている人や何の欲求も持ちたくないと言っている人はどうなるんですか〉

「引きこもっている人は、静かにしておいて欲しい、そっとして欲しいと思っているかもしれないし、なんとか抜け出したいと思っているかもしれません。

何の欲求も持っていないと言う人は『欲求を持ちたくない』という欲求を持っていると言えるでしょう。それから、そういう人であっても痛みなどの生理的苦痛がひどくなったら、そう言うかどうかは別にして、痛み除去の気持ちが自然に湧くんじゃないですか」

【欲求→欲求不満→苦→弱点の発生と増大】

〈欲求が何故弱点の発生につながるのですか〉

「欲求はいつもいつも満たされるとは限りません。むしろ満たされないことが多く、欲求不満をうまく受け止められないと欲求不満は膨らんで苦や苦痛が大きくなります。そして苦を受け止められない場合には、弱点が発現するか今までの弱点が強くなります。いずれにせよ、欲求に果てが無いように、弱点・抵抗も無限です」

〈たくさんありすぎてうんざりしてきました〉

「しかし、こうした一見妨害要因のように見える点もこれを自覚し適切に使うと治療促進要因に変わるかもしれません」

(2) 治療妨害要因となる家族抵抗

「次は、家族側の要因です。家族の抵抗は、患者の抵抗とそう変わる訳ではありません。過度に自分を守ろうとしたり、他者の侵入を防いだり、患者を支配しようとしたり、家族の秘密やルールをかたくなに守ろうとしたり、治療者を恐れ過ぎたりして、治療に妨害となる行動をとりやすいのです。家族は意識の上では、治療に協力しようとしてくれ、それはありがたいのですが、時に妨害的行動を取る場合もあるのです。

家族は、治療やカウンセリングが始まると、治療の協力者になってくれたり、これまでの姿勢が変化して成長していく場合もあるのですが、逆に治療の進展によって、態度が硬化したり、混乱したりして、治療の抵抗になることがあります。また治療が進んでいるのに悪化したと言って治療者に文句を言ってくる時もあります。例えば、患者が自主性を持ち、自分の意見を言い始めたとき、家族は反抗的になったとか、前より悪くなったと言ってくる場合などが、それです。

治療者は、そういうことに対して、むっとしたり、何とわかりの悪い家族だと思いがちになりますが、家族の立場に立てばそれなりの事情と歴史があるので、理解の無さを家族のせいにしても、あまり生産的ではありません。その時は、むしろ治療のチャンスだと見て、家族から「悪化したと思える点」「家族の考えている治癒像」等を聞きだし、そう思う理由をゆっくり探求していき、家族の苦労には敬意を表するというのが、治療的です。つまり、家族抵抗をきっかけに、家族との交流を深め、家族と治療同盟を結ぼうとすることが、治療的には望ましいことなのです。ただ、それはうまく行く場合もあれば、そうでない場合もあります。家族は、本人と違ってより健全だという自負があり、一応社会生活を送れているということもあって、なかなか自分を見直したり、自分を変えたりしにくいのです。その場合は、治療者は家族の特性を見抜き、そうした性質・態度をどう治療に生かすかを考える方が治療的です（家族に気付かせようとか、家族を変化させようとするよりも）。基本は、家族との信頼関係の確立であり、家族の持つ治癒力を引き出すことなのです」

(3) 治療者側の治療妨害要因

【治療者抵抗（逆抵抗）】

「本人・家族以外に治療者の側も治療抵抗的言動を取ることがあるというのは前述したとおりです。

それは、治療が苦労の連続であり、治療者にも多くの抵抗が生ずるからです。治療者抵抗の内容や性質は、基本的には患者や家族のそれと変わるところはありませんが、治療者独特のものもあります。例えば、先に治療者が患者に関心を持ち過ぎる時の危険性について述べましたが、これなぞは治療者抵抗の最たるものです。治療者も患者、家族と同じく、傷つきやすく、怯えやすい人間の一人であり、その意味で治療者抵抗は必ず伴うのでしょう。例えば、患者（それと治療作業）に対する嫌悪、拒絶、恐れ、退屈、うんざり感などを考えれば、治療者抵抗はありふれたものだとわかるでしょう。更に、治療とは苦労の連続であり、途中で疲れが高じたり、投げ出したくなったりもしますが、当然これも逆抵抗となるのでしょう。

【治療者抵抗の例】

どんな逆抵抗があるか思いついたところだけ記しておきます。

・患者に対して、想像力が湧かない。退屈さを感じる。眠気を感じる。
・いい知れぬ嫌悪感を感じる。面接に重荷を感じ始める。『次は来て欲しくない』『予約をキャンセルしてくれたらいいのに』『もう、これで中断になって欲しい』といったことを感じる。
・恐怖感を感じる。『訳のわからない文句を言うのでは』『些細なことで治療者を訴えるのでは』『暴力を振るわれるのでは』『自宅に押しかけられるのでは』『電話をしょっちゅうされたりするのでは』『ストーカーのようにつきまとわれるのでは』といったこと。または『自分の精神がおかしくなるのでは』『とんでもないミスをするのでは』『こんなに苦しいのが続くと自殺に追い込まれるのでは』といったことを感じる（これが高じて実際に自殺企図をしたり、自殺としか思えないような行動化をとる治療者もいる）。
・治療の見通しがつかない。自信がなくなる。自分には治療者の資格がないと思い込む。
・治療やカウンセリングに興味が持てなくなる。何故治療者になったのだろうと後悔し始める。もう治療者を止めようと思う（実際に治療の時間を少なくしたり、治療者を止めたりする）。
・患者に敵意や怒りや憎しみを感じる。『いっそのこと死んでくれたらいいのに』と思う。
・患者に優越感や劣等感を過度に感じ過ぎる。羨望を強く感じる。
・面接中に居眠りをする。面接中、面接後、いい知れぬ疲労感に襲われる。
・治療者の方が遅刻したり予約を忘れたりする。ダブルブッキング（二重予約）をしてしまう。
・患者からの批判を怖がり過ぎる。患者からの文句や非難をすぐ患者の抵抗だと決めつける。
・ある患者のことを話題にしたがらない。他の治療者に聞かれても、通り一遍のことしか言わない。その患者の話を避けたがる。
・患者に関心を持ち過ぎる。患者との面接を楽しみにする。患者に対する空想に耽り過ぎる。
・患者に好意を感じる。患者ともっと親密になりたいと思う。早く治療が終わって、患者が自立して、その後、自由な交際ができたらと思ってしまう（治療中であるのに、患者と後で有害になる可能性の多い私的関係を持つ）。
・患者を離したがらない。必要ないのに患者との治療継続を望む。他の治療者への紹介を断る。
・治療者が宣伝し過ぎる。患者に売り込み過ぎる。『この人を治せるのは自分しか無い』と思い込む。

治療の自慢をする。患者が、今までの治療者の悪口を言うとき、それを嬉しそうに聞く。
・患者を誉め過ぎる。患者に媚びようとしている。患者に従い過ぎる。患者の要求を断れない。
・患者に誉められることを治療者が喜び過ぎる。もっともっと誉めてもらいたいと思う。
・あまりに早く治療契約をしようとする。治療の構造化を焦り過ぎる。早く患者とのルールの確立や約束の取りつけをしようとする。患者に処罰的なことを言い過ぎる。患者を支配しようとする。
・ある患者のことをしゃべり過ぎる。その患者との治療を自慢したい為に事例検討会に出したりする。
・治療原則に忠実すぎる。自由な発想を持てない。逆に基本的原則や倫理を無視し過ぎる。
・患者に処罰的になりすぎる。
・逆に患者に優しすぎる。面接料を、不当に値下げしてあげる。
・患者からの電話によく出てあげる。治療場面以外でも会ったりする。
・早すぎる終結をしたり、逆に治療を長引かせる。
　といった具合です。治療妨害要因になる治療者抵抗については、これ以外にまだまだいろいろあるでしょうが切りがないのでこの辺で止めておきます。また、前述の逆転移のところも参照してください」

［望ましくない治療者］

「ついでに、治療を妨害するように思われる治療者のタイプを挙げておきます。それは、機械的対応型、傾聴忌避型（オートメーション型、流れ作業型）、決めつけ・権威的型、患者おまかせ型、傾聴オンリー型、質問無回答型、非介入型、非共同作業型、過剰共感型、罪責感過剰型（関係独り占め型）、薬絶対型、薬拒否型、マニュアル・ガイドライン依存型、理論押し付け型、説明不足型、解説者型、過剰防衛型（悲観的見方傾向）、難事例排除型、楽観型、軽はずみ返答型、巻き込まれ型、抽象的指導型、無責任型、私利私欲型、ごまかし型、表面的理解型などです。

ただ、こういう傾向は私も含め多くの治療者にあるので気を付けると共に、なかなか改善しない場合は自己分析を実行する方がいいと思われます」

(4) 病院などの構造的抵抗、状況的・社会的治療妨害要因等

「今までは、患者・家族・治療者といった人間にまつわる抵抗について述べてきましたが、抵抗というのは、治療という新しい流れに対する一種の古い体制のようなものですので、構造面での抵抗ももちろん存在します。少し列挙してみますと、

①病院全体に治療的雰囲気がない。心の病の患者、特に精神病や境界例・人格障害は治らないとの決めつけや、どうやってもしょうがないという無力感が、病院全体、精神科全体、組織全体を覆っている。院長、上司をはじめ、スタッフが治療に無関心である。

②院長や理事会が営利中心主義である。

③逆に治療に熱心だが、常に経営が危機に瀕しており、スタッフ全体が不安である（理想に走り過ぎる場合にこうなりやすい）。

④スタッフの労働条件がよくない。スタッフの働きやすい職場になっていない。
⑤スタッフ同士の連携がよくない。仕事を押しつけ合う。陰口が多い。無責任である。
⑥カウンセラー・臨床心理士と精神科医との連携がよくない（コミュニケーションがない。あっても一方的支配的。責任や役割の分担が明確ではない。チーム医療の根幹である「互いに支え合う」という精神に欠けるか、未発達）。
⑦事例検討などスタッフ同士の、実のあるミーティングが少ない。検討会や会議があっても、表面的、形式的で、重大なことや本音がなかなか話されない。
⑧職場に行く時、うんざりした、嫌な気持ちで行くことが多い。
⑨上司が非難ばかりする人で、育てるというところがない。
⑩逆に上司が部下の御機嫌取りばかりして、注意すべきところが注意できていない。

これも、まだまだあるでしょうが、この辺にします。

［社会的抵抗］（偏見など）

これは、国民の偏見や心の病に対する意識、あるいは行政の問題、社会・経済状況（景気の善し悪しは治療に反映する）といったことです。例えば、健康保険制度における精神療法の点数が低すぎるとか、カウンセリングや心理療法（臨床心理士の行う）に対する公的扶助のようなものがない（そのせいで、低所得者層は、せっかくの素晴らしいカウンセリングを受けられないでいることが多い）とかいったことも含みますが、これは問題が大きくなり過ぎるので、また別のところで論じたいと思います。いずれにせよ、公認心理士制度が治療的に機能することを望みます」

3 治療促進要因とは？

(1) 治療困難に対する対策（良質の出たとこ勝負、六つの対応）

〈治療妨害要因がこんなにたくさんあって大変だと思いましたが、治療促進要因はどうですか〉

「治療促進要因といっても結局は治療妨害要因に対する対策がもう治療促進要因ですよ。先の治療抵抗や転移に対する取り扱いと同じで、こうした困難への対策にはマニュアルは無いです。ただ、そうは言っても、治療者が殺されたり、患者が自殺したり、双方が不必要に傷ついたりするより、そうならない方がいいに決まっています。

従って、治療者はこうした点について、他の事例や心理療法関係の著作を調べたり、仲間やスーパーヴァイザーの意見を聞いたりして、そういうことへの対処法についてあれこれ思いを巡らしておく方がいいでしょう。

ただ、実際には『出たとこ勝負』で治療者は動かざるを得ないと思いますが、何もわかっていないで右往左往するよりは、ある程度のことを押さえて自由に動く方が『良質の出たとこ勝負』『適切な自由自在』が可能になりやすいと思えます。例えてみれば真っ暗闇の中を、灯り無しで進むのと、ライトを持ちながら探索するのとでは後者の方が危険が少ないということです。『やみくも』と『出たとこ勝負』は違うのです。

それでは、困難な点に対する私なりの要点を記してみます。

①何よりも、困難点を取り扱うことが治療の役に立つようにという気持ちで対処する。困難に会うと反射的に困ったという感じが湧くが、すぐに冷静になって治療のチャンスと考えるようにしたい。遭難良機なのである。

②すぐに困難点を取り上げた方がいいかどうか、もう少し困難点が治療焦点になるまで待った方がいいかどうか考え、様子を見る。

③ただし、緊急性がなくても患者や治療者の生存や生活に重大な影響を及ぼす可能性のあるものは徹底的に話し合う。

この場合、話し合った結果、危険性が薄れる場合は（思っているだけで行動しないとか、誤解がとけるとか）、続けてもいいが、そうでない場合は、警察をはじめとして公的機関に自傷他害の恐れのある事件として訴えることも辞さない覚悟が必要である。また、一人で悩まず、仲間やスーパーヴァイザーにも相談することが望ましい。また、自信が無い場合は治療者交代も考えておく方が無難である。

いずれにせよ、危険性が薄れるまでは十分に話し合う必要があり両者の間にある程度の信頼感が存在しているかどうかを確認しておく必要がある。更に一旦危険性が薄れても、それらはぶり返す可能性があるのでいつも注意し何度でも話し合う必要があると思っておく方がいい。この場合のポイントはそうした重大困難とその危険性、そしてその背後にある怒りや衝動を如何に見つめ、間接化するかということが大事な点である。

④今挙げた困難点は、普通の困難と比較して『重大困難』と呼んでいいだろう。こうした重大困難に至るのにはそれなりの事情がある可能性が高い。そしてできれば重大困難に至る前に少しでもその可能性があるなら可能性の段階でそうした『重大困難の芽』について話し合うことが望ましい。

⑤普通の困難については、話し合うことができる場合は話し合って、例えば『治療意欲の乏しい点』について二人で共同探究していく。この際大事なのは相手を責めるというより、そうした『治療意欲の低下』というのはよく起こりえることだ、という理解と思いやりが大切である。その結果、例えば『もともと家族に言われて来ただけだから』とか『治療目標がピンと来ていなかった』とか『治療がこんなに面倒くさくてつらいものと知らなかった』『治療に通っている自分が惨め』『先生にいろいろ聞かれるのが嫌だった』ということが出てくるかもしれないので、それはそれでまた話し合いを深めていくといい。

こうした普通困難の背後には、人間であるが故の弱点・未熟さが原因になっていることが多いが、やはりこの点を見つめ間接化し、適切な行動を模索することが大事である。

⑥話し合いができにくい場合は、治療者の方から《このまま話を聞いているだけでいいですか》と介入して、考えさせるのも一つである。

〔治療とは、治療困難との格闘である（困難共同探求）〕

大事なのは『困難点は大変だが、患者の核心的問題点であり、それを共同探究することで患者に重大な気づきと改善がもたらされる可能性があるが、同時に困難点は大変な苦痛をもたらす可能性があるので、減らされる困難はなるべく減らし不必要に困難点を増やさないようにする』といった点です。この『困難共同探究』と『困難軽減』の両立が治療にとって望ましいのでしょう。また、患者によっては『絶対に触ってほしくない』聖域というものがあるので、そういう点には強く注意したいものです。波長合わせが大事です」

(2) 本人に備わる治療促進要因

〈これだけ治療妨害要因があって、治癒段階は上昇していくのでしょうか？〉

「まあ、はじめに妨害要因を示しておく方が、現実をわかってやりやすいかもしれません。今度は治療促進要因の方を探っていきましょう。まず、本人側の治療促進要因です。ただ、これはあくまで私の主観なのですが、以下のような人は治りが早いようです。また早いだけでなく確実な治癒を獲得しやすいようです。妨害要因と反対の要因です。

①気付き、自覚（心の中身、自分の特性、欠点、弱点、長所、他者から見た自分など）
②自分を大事にする（程々の欲求・執着、程々の活動と休息、程々の責任・遊び等）
③相互性、対話、他者との関係

④現実認識、生き方（自己・他者・社会の現実認識、明確・不明確の区別、不明確は放っておく）
⑤治療意欲（改善意欲、焦らない、結果にこだわらすその時の最善のことをする）
⑥不安、抑うつ等に関して（不安、緊張、気掛かり、恐怖、強迫、憂うつ、無気力は自然現象）
⑦行動、生活が自分の納得のいくもの
⑧苦を受け止められる
といったことです」

(3) 家族側の治療促進要因

〈先程患者をとりまく家族の治療妨害要因を挙げていただきましたが、促進要因はどうですか〉
「ええ、家族の存在は重要です。家族はどうすれば治療を助けることができるか？　どうすれば妨害にならないかを考えるのはとても大事なことです。それについては、
①激励や励ましについて（過剰な負担になる励ましはダメ。本人の絶望感を癒す励まし）
②傾聴（本人の言うことに耳を傾けること）
③本人の要求に対しては言いなりにならずに話し合う」

【事例33　一九歳、男性（境界性パーソナリティ障害）】

引きこもりを主とする境界性パーソナリティ障害。高校をやっと卒業したが、その後は自室に引き

こもる生活を送っている。本人が治療の過程で徐々に外へ出始めた時に、突然『アメリカに留学するから、お金を出して欲しい』と言われ、家族はとまどってしまった。しかし、治療者はこれをチャンスと考えた。

治療者は《とりあえずは、それはとても良い考えだから、その計画実現に向かって考えよう》と言ってあげ《留学先とか何をするつもりなのかとか一緒にプランを立ててみたら、どうですか？》と言った。家族がそうしたところ、本人は安心し、『とりあえずは、アメリカに語学留学していきたい。とても給費を出してもらえる実力はないので、当座の費用として三〇〇万出して欲しい』と言われ、家族はますます困惑した。

そこで、治療者は《そのお金、親が出すほうがいいのかな、お前が働いて出す方がいいのかな？両方が出す方がいいのかな？　と聞いてあげるとどうですか？　それと家の経済状態の現実も知らせた方がいいと思いますが》と返したところ、家族はそうした。本人と家族はそれを巡って相当もめたが、とりあえず『自分も稼ぐから親も助けて欲しい』という言葉で落ち着いた。

その結果、本人は細々とバイトに行きだし、月に七〜八万のペースで貯めていった。そこで、治療者は家族に《英語が少しできるようになってから行った方がいいか？　いきなり行く方がいいか？話し合ってみたらどうですか？》という指示を出して親がその通りにすると、本人は英会話学校に通い出した。費用は本人と家族の折半であった。

本人は、しばらくバイトと英会話に精を出していたが、その内友達もできはじめ、またその友達や他の人との接触を通じて、自分の考えが如何に甘いかを自覚させられていった。それで、本人は職業訓練校で技術を磨いて、正社員として雇ってもらうと同時に、アメリカ留学より前に肝心の基礎勉強が大事ということで、通信制の大学に入り直した。

この例はもちろんうまく行った例で、全部このようになる訳ではないが、本人の気持ちの尊重と「現実の提示」の両方に目を配れる家族は治りが早い。

④本人の気持ちへの理解・共感
⑤本人の不安の軽減と安心感の増大
⑥罪悪感について。罪悪感の中身を理解・共有し、建設的な反省・行動へ
⑦期待（程々の期待。結果が出なくても努力は誉める）
⑧本人の秘密の尊重
⑨共感と言いなりは違う
⑩家族があきらめないことが大事。治っていく負担の配慮も大事
⑪朝、起きられない時（選択質問の重要さ）

朝、起きられない本人に対して、「いつまで寝てるの。いい加減起きなさい」といったがみがみ口調より、「具合どう？　起きられそう？　寝てる方がいい？」と本人の気持ちを聞く家族の方が治りが早いようである（ここは、ややケースバイケースである。ただ、前日に「明日の朝、起こした方がいい？　そのままにしておいた方がいい？」と本人に、意思を確認しておくこと）
⑫本人の暴力に対して（事故を防ぐのが第一。警察への連絡。予防も大事）
⑬薬に対して（無理に飲ませるよりは話し合う方が大事）

⑭妄想や幻聴に対して（すぐ病気扱いするより話し合うこと）

妄想に対して対策を考え、実際に実行して成功した家族の例がある。

［事例34　二〇歳、女性（統合失調症または妄想性障害）］

本人は『誰かが家に侵入して、私の下着を盗んだりする。また風呂に入っている時に誰かに覗かれている』という訴えをしつこく母親にしてきた。母は『そんなことは有り得ない』と思うものの、医師の《本人の立場に立ってものを考え、本人が安らぐように振る舞ってあげてください》という言葉を思いだし、本人とともに、下着や服の点検に本人以上に真剣に取り組んだ。ついには、本人が『もういいわ。私の思い過ごしかもしれないわ』と言うようになった。また、入浴の際も、『お母さんが、お風呂場の外で見張っているから』と言うと本人はこわごわ入浴し、何回もそれを繰り返した後、本人が『お母さん。ありがとう。私の心配し過ぎかもしれないから、もういいわ』と言うようになり、事実かどうかは別にして『侵入されている』『覗かれている』という苦痛・不安を何とかするために真面目に治療に通いだし、改善していった。

⑷治療者側の促進要因（問題点の改善のために）

［治療者の逆抵抗を治療促進要因に変える（感情レベルと行動レベル）］

〈それから、先程治療者側の問題点がたくさん出ましたが、これなぞどうしたらいいんですか〉

「重要な点は、先に挙げた治療者抵抗（逆抵抗）に対して、どうすれば患者の利益になるかということです。この逆抵抗をまず感情レベルと行動レベルに分けて考えるとわかりやすいと思われます（もっとも、この区別はいささか人為的ですが）。

例えば治療者が、患者や治療そのものに感じる、退屈、眠気、嫌悪、重荷、恐怖、無力感、自信喪失、治療者としての自己否定、敵意や怒り、羨望、疲労感といった陰性感情や、関心、興味、好意、関係持続欲求、喜び、私的欲望などの陽性感情は、一応感情レベル（生理的反応レベル）ということですが、これらは治療を始めるとごく普通に湧いてくる感情です。

それゆえ、第一には、これらの感情がどの程度自分を占めているか、明確にすることが大事になります。明確にできなければ、仲間やスーパーヴァイザーに聞くといいでしょう。

第二は、これらの感情はごく自然な当然の感情だと認識し、これらの感情を尊重することが大切です。初心者は、こういう感情に罪悪感を抱きやすいものです。もちろん、その罪悪感も自然な感情ですが、いずれにせよ、その罪悪感も含め、自分の感情を冷静に大事に見つめていくことが肝要なのです。

第三は、その感情がどこから来ているのか、探っていくことです。多くの場合、それは患者の状態から来ることが多いようです。例えば、治療に無力感や絶望を感じたりする場合は、大抵患者自身が無力感や絶望を感じていることが多く、それらを治療者に移し替える（苦の移し替え、投影同一視）ことで、治療者方がそう感じさせられていることがしばしばなのです。

このような時、初心の治療者はどうしても自分に責任があると感じてしまいますが、それでは大局を見誤りやすくなります。逆抵抗は抵抗と同じく、治療者と患者の合作の産物です。この辺りを正確に詳しく見極めたいと思うならスーパーヴァイザーとの話し合いが有益です。

第四は、その感情が治療に持つ意義、あるいはその感情の治療におけるメリットやデメリットはどのようなものか、その感情は今後どうなりそうか、またはその感情は今後有害な行動を引き起こしそうか、反対に治療のプラスになりそうか、といったことを考えることです。

すなわち、逆抵抗の感情を、どう治療に利用するかを考えるということです。このように考えると、逆抵抗は、ほとんど逆転移と同じといってもいいでしょう。

第五に行動レベル（治療者の居眠り、遅刻、私的関係など、逆転移感情を越えて逆抵抗行動まで行ってしまう段階）まで、逆抵抗が行ってしまったときは、ただちにその行動の危険性（まれに有益なこともあるが）を見立て、それを抑制できるかどうか考え、できなければ治療者の交代などいろいろな手段を講じた方がいいようです。

その後は、逆抵抗行動の起源を考え、十分な内省を行うことが必要です。その場合、ややもすると、いたずらに自分を責めてしまうことが多いですが、それを今後の治療に生かすにはどうしたらよいかを考えるほうが生産的です。ただ、自分一人だけで考えるのが難しい場合には、スーパーヴァイザーが必要です。このように逆抵抗は、行動レベルまで行くと有害な結果をもたらしやすいですが、感情レベルだとそれを見つめることで、治療のプラス（逆抵抗にあって、初めて患者の真実がわかる、どこが治療の行き詰まりかわかる。行き詰まりの部分は治療の核心部分なのであるから、治療の鍵を得ることになる）に転化できるのです。

だから、逆抵抗や行き詰まりは、治療やカウンセリングの転換点や出発点になるのです」

〔望ましい治療者像〕

〈そういう風にいけばいいですね。治療は共同作業ですから、もちろん治療者側の促進要因、妨害要因も大きいのでしょうね〉

「もちろんです。ちなみに私は以前に、望ましい治療者像として、二一の条件を挙げてみました。それはもちろん、先の望ましくない治療者像の反対です。それを挙げると、熱意があること（目立たない持続的な、干渉・強制的でない程々の）。癒し人としての素質がある（相手の心の襞を読み取れる）こと。技術面で優れていること。患者の質問を適切に扱えること。安心感、安全感を与え、孤立感・異常意識を和らげられること。問題点（病名）や目標・見通しなどの説明がある程度できること。治療中の困難に耐え、困難の原因を考え、それを患者の役に立たせられること。困難な中でも比較的安定した精神状態でおれること。治療者自身の自覚（自己の能力や精神状態などの）。どんな話題（薬、身体、法律、教育、宗教、日常生活等）にもついていけること。一つの治療法・スタイルに固執せず、患者に沿っていけること。重症例（精神病、境界例、人格障害等）の面接経験を持っていること。チームで治療できる（他のスタッフとの連携ができる）こと。緊急事態や患者の危険性について、予想しておくこと。ある程度身体への知識や関心を持っていること。正確でかつ有益な診断・心理査定ができること。治療者自身の患者に対する、隠れた欲望の自覚。薬を出す時の適切な説明と話し合いができること。柔軟性と想像力を持っていること。指導者能力のある人、仲間の必要性がわかっている人。自由自在の境地でいられること、といったところです。

もちろんこれらのことをいつも実行するのは困難でしょうが、これらを念頭において絶えず努力することが大事です。それとこういう治療者を作り出すための精神医学教育、精神科治療学や臨床心理学の適正な訓練が必要です」

(5) その他の要因（出会い、成功体験、社会資源など）

〈それ以外にも治るかどうかに関わる要因はありますか〉

「それはたくさんあるでしょう。例えば良い出会い、友達がそうですが、特に異性との関係は支えになる人が多いですね。

それ以外に社会・経済的要因、社会資源の活用、増大などは、鍵になるでしょう」

〈それに関しては〉

「まずは、有能な精神科医、心理士、看護師、作業療法士、ケースワーカー、精神保健士などマンパワーの増強が一番です。また、治療効果が上がれば上がるほど、その治療者の報酬が増大するというシステムの構築も大事です。更にマンパワーの伴った精神医療機関、収容型精神病院から、休養型、脳機能回復型、能力育成型、人間関係能力・就労力増大型の病院への転換、デイ・ケア、就労支援センターの増大、充実が望まれます。また心の病についての教育、中高教育に心理学を加え、心の病の仕組みを教えていくことも有効だと思われます。

詳細は省きますが、結局は患者、家族、治療者、社会環境の健康性と非健康性の闘いとなるのでしょう」

〈どうも長い間ありがとうございました。今後、自分の非健康性を見つめ少しでもそれに振り回されないよう気を付けます〉

結語（終わりにあたって）

精神分析を中心にその治療ポイントを探ってみた。今感じていることについて述べてみる。
①治療者（分析家）も患者も基本的には同じ人間である。同じ人間的弱点、欠点、煩悩を持つ
②治療は共同作業で対話による（箱庭や絵画療法や作業療法等も基本的には対話が基である）
③精神分析治療も普通の心理療法も対話という点で変わりはない
④普通の対話でも、治療と同じかそれ以上の効果が出る場合もある
⑤ただ、普通の対話と違うところは、治療者は患者に責任を持たねばならないということである→従って治療推進や秘密保持、不必要な不利益をもたらさないという倫理的責任が要求される
⑥精神分析でも、普通の心理療法でも、治療は困難でいっぱいである
⑦本当の心理療法は、常に治療実践を目指し、治療実践から考え、治療実践から吟味するということであるが、フロイトをはじめ他の多くの精神分析家達はそう考えていないようである
⑧精神分析の基本ラインは、抵抗・防衛・無意識、特に転移・逆転移の分析であるが、これは人間

が本来的に持っているもので、フロイトや分析家たちがその人間の本来的な現象にいろんな名前を付けただけである。ただ、そうは言ってもそのラインの研究は人間探究に重要な方法論のひとつである

⑨精神分析治療の目的は、言語を通しての気付き、自覚である。これは仏教でいう智慧の獲得（無明の開け）と同じである。仏陀のことを「覚者」というのもその意味である

⑩しかしながら、何でもかんでも患者に気付きを要請してはならない。あくまで、治療に必要なことを気付くだけで十分である。治療につながらない気付きは有害と考えていい

⑪患者は全てを分析家や治療者に言う必要はない。これを治療者に知ってもらった方が治療のプラスになると思ったことだけを言えばいいのである

⑫精神分析治療での禁欲原則は、本当にいつも患者のためになっているかどうかはわからない

⑬治療者の方が禁欲原則を破って有害事態を引き起こす場合もあるので注意

⑭精神分析が、治療実践より研究のことを重んじたからと言って、悪いとは言えない。むしろ基礎研究のようなもので、人間の心の病や精神活動の領域を詳しく知ることができ、治療実践に役立つかもしれない。人間の多面性、深層面の探求は、治療に生かせる

⑮無意識、抵抗、転移、逆転移、防衛機制、エディプス期、エナクトメント、投影同一視等の分析用語を使って一番得をしたのはだれなのだろうか？　それが患者であることを祈るがそうなのだろうか

⑯精神分析治療は基本的には心理療法と同じで、総合科学であり、芸術でもある

⑰心理療法は、精神分析治療だけでなく、ユングの分析心理学、アドラーの個人心理学などを知っておく方がより有益である。外国語を知る方が、日本語がよりわかるということと同じ
⑱精神分析は常に進歩している。最近では、自己心理学、関係精神分析の動きもあり、「欲動から関係へ」ということで、精神分析理論に捉われず、新たな治療的展開を目指す動きもある
⑲関係精神分析に対して「これはもはや精神分析ではない」と言う人もいるが、別に治療の役に立てば、精神分析なぞなくなってもいいと言えるかもしれない。しかし、人間に苦があり、その苦の解決を目指すとしたら、苦の分析から始まるので、精神分析的（または精神分析的的）な作業は必要になるのだろう
⑳精神分析は常に批判され、乗り越えられる運命にある。そうした弁証法的発展が大事
㉑結局、観察・分析・整理・統合・超越、理解の共有という過程が、患者の役に立つ精神分析治療である
㉒精神分析も心理療法も、治療進展の眼目は、相互理解である。理解のポイントは「治療者は何をしたがっているのか」「患者は何を望んでいるのか」「両者の間に何が起きているのか」ということの理解である（この中で一番重要で難しいのは、治療者欲求、逆転移の分析である。もちろん完全な理解は無理だが、理想としてそれを目指す営みは治療的である）
㉓治療は理解も大事だが、理解が不十分でも、治療者・患者が生き残り、関係が持続すると治療進展は自然になされることも多い（もちろん、不毛な停滞もある）
㉔精神分析は、密室での二人の作業では決してない。常に二人以外の他者、社会状況が関わってい

ることを忘れてはならない

㉕精神分析も心理療法も含め、心の病の治療は科学的・総合的視点を入れた、共同芸術作品を作ることに似ている。従って、自分の感覚が大事になる訳で、いろんな個性、学派、グループがあっていい。願わくば、それらの間で、相互的で建設的な交流・討論・相互批判ができればいいということだろう。自己の感覚を大事にしながら、他者の意見も素直に聞くというのが大事である。問題はその交流の仕方だが、これも各人の個性を大事にするのが良い

㉖治療的営為により、治療者・患者の治療能力・自由性が引き出される（逆もあるので注意）

㉗治療能力とは、想像力、創造力、豊かに生きる力、無になれる力、自由自在に生きる力である

㉘結局、治療の究極目標は「自分の思い通りにいかなくても構わない」「思い通りにいかない苦しさを受け止めながら適切な対応の発見と実践を目指していくことである」→適切な行動とは「自分のしたいことをする。できることをする。有益なことをする」ということである。精神分析もユングの自己実現も、ここに通じるのである。そして、そうしたことが見つかるまでは、せめて体だけは大事にすることが肝心である

㉙薬物治療を含む他の身体療法を施行する治療者も、有益で安全な治療をしようとする時は、精神分析、特に抵抗、転移、逆転移、防衛ぐらいはわかっておく方がいい

㉚精神分析や心理療法でわかるのは、ほんのごく一部である。一生かけてもほんの少しである。ただ知らないより知っておく方が、人生を楽しく愉快に送れる。華厳経に見る「一一微塵中仏国在安住」というように、ほんのごく一部を知ることで、宇宙全体がわかるのである

㉛フロイトの「死の本能」（陰性治療反応）は、フロイトの治療不足の言い訳に過ぎない。しかし、そうした言い訳をもって来ざるを得ない程、「死の本能」という治療抵抗は、底知れぬすさまじさを持っているのだろう。また、それは、クラインの「羨望」、ビオンの「ベータ的要素」、ローゼンフェルトの「困惑状態」「治療の行きづまり」、シュタイナーの「病理的組織化」と言ってもいい。これらを考えると、「死の本能」は歴史の意志と言ってもいいのだろうといったようなことを感じました。

引用・参考文献（本書は一般書なので文献は最小限に留めた）

1 辻悟『治療精神医学の実践』、創元社、二〇〇九年
2 平井孝男『心理療法の下ごしらえ』、星和書店、二〇一四年
3 フロイト、S.『ヒステリー研究』（フロイト著作集七）、懸田克躬訳、人文書院、一九七四年
4 フロイト、S.『技法篇』（フロイト著作集九）、小此木啓吾訳、人文書院、一九八三年
5 フェレンツィ、S.『臨床日記』、森成起訳、みすず書房、二〇〇〇年
6 以下は、平井孝男『心の病いの治療ポイント』、創元社、一九九一年の一部を発展させた。
7 フロイト、S.『制止、症状、不安』（フロイト著作集六）、小此木啓吾訳、人文書院、一九七〇年
8 フロイト、S.『自我とエス』（フロイト著作集六）、小此木啓吾訳、人文書院、一九七〇年
9 フロイト、S.『精神分析入門』（フロイト著作集一）、懸田克躬・高橋義孝訳、人文書院、一九七一年
10 ユング、C.G.『転移の心理学』、林道義他訳、みすず書房、一九九四年
11 クレペリン、E.『精神医学総論』、遠藤みどり訳、みすず書房、一九九三年
12 遠藤裕乃「心理的援助が困難となる場面における適切な具体的援助について」、上智大学心理学科卒業論文、一九九二年
13 福島章「逆転移と精神療法」、精神療法、第一九巻三号、二一一～二一六頁、一九九三年。遠藤の論文は福島論文からの引用である。
14 Geddes, M. J. & Pajic, A. K. (1990) A multidimentional typology of countertransference responses. *Clinical Social Work Journal*, 18 (3), 257-272.
15 ラッカー、H.『転移と逆転移』、坂口信貴訳、岩崎学術出版社、一九八二年
16 フロイト、S.『想起、反復、徹底操作』（フロイト著作集六）、小此木啓吾訳、人文書院、一九七〇年
17 アブラハム、K.『アブラハム論文集』、下坂幸三他訳、岩崎学術出版社、一九九四年
18 クライン、M.『分裂的機制についての覚え書き』（メラニー・クライン著作集四）、狩野力八郎他訳、誠信書房、

一九八五年
19 カーンバーグ、O.『対象関係論とその臨床』、前田重治監訳、岩崎学術出版社、一九八三年
20 ビオン、W.『連結することへの攻撃』(メラニー・クライン トゥディ(1))、中川慎一郎訳、岩崎学術出版社、一九九三年
21 平井孝男『境界例の治療ポイント』、創元社、二〇〇二年
22 ユング、C.G.『元型論』、林道義訳、紀伊国屋書店、一九九九年
23 Grinberg, L. (1962) On a specific aspect of countertransference due to the patient's projective identification. *Int. J. Psychoanal*, 43, 436-40.

その他、拙著の治療ポイントシリーズ(『うつ病の治療ポイント』、『カウンセリングの治療ポイント』、『難事例と絶望感の治療ポイント』、『統合失調症の治療ポイント』、いずれも創元社)、『心理療法の下ごしらえ』(星和書店)、『仏陀の癒しと心理療法』(法蔵館)を参考にした。

また事典類は、『精神分析事典』(岩崎学術出版社)、『精神分析事典(アメリカ精神分析学会)』(新曜社)、『精神分析用語辞典』(みすず書房)、『精神分析事典』(R・シェママ編)(弘文堂)を主に参照させてもらった。

著者略歴

平井孝男（ひらい たかお）

1949年、三重県上野市に生まれる。

1974年、金沢大学医学部を卒業後、大阪大学病院精神科、大阪逓信病院神経科、仏政府給費留学、榎坂病院・淀川キリスト教病院精神神経科を経て、1991年４月、平井クリニックと新大阪カウンセリングセンターを開設。

現在、平井・池上クリニック名誉院長、新大阪カウンセリングセンター長。精神科医。臨床心理士。著書『心の病いの治療ポイント』『境界例の治療ポイント』『うつ病の治療ポイント』『カウンセリングの治療ポイント』『難事例と絶望感の治療ポイント』『統合失調症の治療ポイント』（以上、創元社)、『心理療法の下ごしらえ』（星和書店)、『仏陀の癒しと心理療法』（法蔵館)、『治療精神医学』（共著、医学書院)、『精神病治療を語る』『分裂病者の社会生活支援』（以上、共著、金剛出版)、『癒しの森』（共著、創元社)、『心理療法におけるからだ』（共著、朱鷺書房）など。論文「遷延うつ病の治療」「(分裂病における）再発の治療的利用」「境界例の治療」「能と心理療法」など。

[連絡先]
平井・池上クリニック　大阪市東淀川区西淡路1-16-13
新大阪MFDビル２F
Tel.06-6321-8449
Fax.06-6321-8445
新大阪カウンセリングセンター　住所同上
Tel.06-6323-2418

心《こころ》の援助《えんじょ》にいかす精神分析《せいしんぶんせき》の治療《ちりょう》ポイント

波長《はちょう》合《あ》わせと共同《きょうどう》作業《さぎょう》、治療《ちりょう》実践《じっせん》の視点《してん》から

2019 年 1 月 20 日 第 1 版第 1 刷発行

著　者……………………………………………………
平　井　孝　男

発行者……………………………………………………
矢　部　敬　一

発行所……………………………………………………
株式会社 創　元　社
https://www.sogensha.co.jp/
本社 〒541-0047 大阪市中央区淡路町 4-3-6
Tel.06-6231-9010 Fax.06-6233-3111
東京支店 〒101-0051 東京都千代田区神田神保町 1-2 田辺ビル
Tel.03-6811-0662

印刷所……………………………………………………
株式会社 太洋社

ISBN978-4-422-11698-3 C1011

平井孝男著《治療ポイントシリーズ》

心の病いの治療ポイント

定価（本体1,800円＋税） ISBN：978-4-422-11128-5 1989年 262ページ
本書は、精神科医である著者が、複雑な治療過程をポイント別にわかりやすく記載し、患者との精神病理の共有を試みたもの。

境界例の治療ポイント

定価（本体2,200円＋税） ISBN：978-4-422-11280-0 2002年 352ページ
境界例の具体的な治療のあり方を、治療者だけでなく患者や家族にもわかりやすく提示する。治療者と患者・家族とのやりとりを逐語録ふうに記載。

うつ病の治療ポイント

定価（本体2,000円＋税） ISBN：978-4-422-11324-1 2004年 384ページ
近年ますます増えているうつ病について、経過や治療法に加え、薬やうつ病の長期化への予防と対策についても事例を多く取りあげて詳述。

カウンセリングの治療ポイント

定価（本体2,200円＋税） ISBN：978-4-422-11340-1 2005年 312ページ
セラピストが留意しておくべき基本的で重要なポイントを体系的に網羅。傾聴・受容・共感・理解などに光を当てながら、詳細な事例も取り上げた実践の書。

難事例と絶望感の治療ポイント

定価（本体2,400円＋税） ISBN：978-4-422-11410-1 2008年 336ページ
神経症・不眠症・うつ病・心身症・統合失調症・人格障害・摂食障害・引きこもりなど、最近増加している各種の事例を取り上げ、具体的な対策をわかりやすく示した。

統合失調症の治療ポイント

定価（本体2,500円＋税） ISBN：978-4-422-11596-2 2015年 256ページ
完治が難しい統合失調症。精神科医40年、臨床心理士24年のキャリアから、治癒改善した14例を挙げて治療ポイントを示す。